¡ENCIENDA SU VIDA!

APAGUE EL PILOTO AUTOMÁTICO

SIÉNTASE CONECTADO.
CONÓZCASE MEJOR.
CONSIGA QUE CADA DÍA SEA ÚNICO.

ELFOS

CHRIS BARÉZ-BROWN

Título original *Wake Up!*

Diseño Hampton Associates, Aberdeen

Traducción Remedios Diéguez Diéguez

Coordinación de la edición en lengua española
Cristina Rodríguez Fischer

Primera edición en lengua española 2018

Carrer de les Alberes, 52, 2º, Vallvidrera
08017 Barcelona
Tel. 93 205 40 00 e-mail: info@blume.net

Publicado por primera vez en el Reino Unido
por Penguin Random House UK

ISBN: 978-84-16965-06-9
Depósito legal: B.3739-2017
Impreso en Tallers Gràfics Soler, Esplugues de Llobregat
(Barcelona)

WWW.BLUME.NET

Este libro se ha impreso sobre papel manufacturado con materia prima procedente de bosques de gestión responsable. En la producción de nuestros libros procuramos, con el máximo empeño, cumplir con los requisitos medioambientales que promueven la conservación y el uso responsable de los bosques, en especial de los bosques primarios. Asimismo, en nuestra preocupación por el planeta, intentamos emplear al máximo materiales reciclados, y solicitamos a nuestros proveedores que usen materiales de manufactura cuya fabricación esté libre de cloro elemental (ECF) o de metales pesados, entre otros.

A todos los locos, los raros y los frikis.
A los que no encajan pero destacan.
A todos los que son conscientes
de que la vida es extraordinaria y está
ocurriendo en este preciso instante.
Al lector: el que vive
con los ojos abiertos.

CONTENIDO

Introducción 1

Respirar 26

¡Aprenda a respirar! 28

Acabe con el televisor 32

Un poco de depuración 36

Viaje al espacio 42

Sintonizar 46

Perciba lo que ve 48

Comida casera 54

Piérdase a la hora de comer 58

Paseo y charla 64

Construya un avión y láncelo 68

Spielzeug 74

Accionar 78

Ejercicio antes de ir al baño 80

Dibuje la vida y capte la idea 84

Conectar 90

Los primeros diez minutos fuera 92

Reparta amor 96

No se preocupe por la ropa 100

Baje el ritmo 104

Pasee por el bosque 108

Escuche a su cuerpo 112

Siga su reloj biológico 114

Viva con solo 6,50 euros al día 118

Escriba una canción 124

Levántese 130

Diga sí 134

Siéntalo de verdad, exteriorice sus sentimientos como Elvis 138

Unas pequeñas vacaciones del pan y los lácteos 142

Sea otra persona 146

Diario 150

Recupere tiempo 156

Piérdase en la música 160

Déjese llevar por la música 162

Prepare una taza de té 166

Lo que me gusta/odio de mí 170

Amanecer o puesta de sol 176

Combata la amnesia 182

Desintoxicación digital 186

Vamos a darle al canto 190

Súbase a un árbol 194

Coma cuando tenga hambre 200

Historia no contada 204
Haga algo nuevo 210
Diga no 216
Baile 220
Sume una hora a su día 224
Entusiasmo y gratitud 228
50 millones de euros 232
Contemple el cielo 238
Viva como un cerdo 242
Su vida es suya, asúmalo 246
Risas nerviosas y carcajadas 252
Sonría 256
Repare un error 260
Haga algo grande 264
Guerrilla verde 270
Deténgase y observe 274
Escriba una carta a alguien que le importa 278
¿Por qué ahora? 284
Pronto estaremos muertos 288
Vamos, arriba 292
Agradecimientos 294

INTRODUCCIÓN

Con el paso de los años me he dado cuenta de que no he sido yo mismo.

Con esto no quiero decir que haya estado decaído o físicamente débil. Me refiero a que otra persona ha estado viviendo mi vida. Hay momentos en los que me siento profundamente conectado conmigo mismo, mi familia y mis amigos, mi trabajo y, en definitiva, este maravilloso planeta en el que vivimos. Esos momentos son especiales. Cuando ocurren, siento una claridad absoluta. Estoy muy presente y muy consciente. No falta absolutamente nada. De hecho, todo es perfecto. Cuando experimento esos momentos, me siento verdaderamente conectado con quien soy y mi lugar en el mundo, en esta maravillosa cosa llamada vida. No hay temores, ni preocupaciones, ni problemas, porque todo está bien. Desde ese lugar sé que todo es divertido, ligero y alegre, y que la esencia de la vida es un juego fantástico.

La parte negativa es que ese estado suele ser pasajero, y cuando me doy cuenta mi vida vuelve a ser como una bola del juego del millón que rebota a velocidades disparatadas, fuera de control y que suma puntos chocando de manera no intencionada con objetivos no buscados. Entonces, por casualidad, un día, una semana o un mes más tarde, vuelvo a salir de ese estado y me pregunto qué demonios ha ocurrido.

La mayoría de nosotros hemos vivido la experiencia de conducir desde A hasta B y llegar a nuestro destino sin recordar partes enteras del viaje. Llegamos bien, hemos controlado el vehículo durante todo el trayecto, pero sentimos como si otra persona hubiese tenido ese control porque apenas recordamos cómo hemos llegado hasta el destino. Hemos conducido con el piloto automático.

Lo cierto es que eso no ocurre únicamente al volante; ocurre cada día que estamos vivos. Sucede en el trabajo, en casa, en la vida, y eso es lo que trata de solucionar este libro.

LA VIDA EN PILOTO AUTOMÁTICO

El motivo por el que nos pasamos la vida en piloto automático radica en el funcionamiento del cerebro. El cerebro funciona de dos maneras, consciente y subconsciente, y ambas consumen una cantidad considerable de toda nuestra energía (alrededor del 25 % según muchos científicos muy listos).

El cerebro consciente se emplea en procesos que implican lógica, racionalidad y mayores niveles de procesamiento cognitivo. Cuando tratamos de decidir si es mejor alquilar un coche que comprarlo, o si las bombas de calor geotérmicas nos permitirán ahorrar al tiempo que respetamos el medio ambiente, estamos aplicando el procesamiento consciente. Requiere mucha energía, por eso nos sentimos muy cansados cuando abordamos un reto intelectual especialmente complicado.

Por otro lado, el cerebro subconsciente constituye una máquina más eficaz. Es experto en buscar patrones y similitudes en lo que experimentamos en el presente comparándolo con lo que ya hemos experimentado. Si algo del pasado parece encajar suficientemente bien, el subconsciente da por sentado que es lo mismo y dirige nuestra conducta para que respondamos de la misma manera que la última vez. Por tanto, si nos hemos dado cuenta de que la puerta de la cocina no cierra como debería, cuando sacamos dos copas de vino y no escuchamos el sonido de la cerradura, utilizamos el talón para empujar la puerta en el punto exacto y con la presión adecuada para que se cierre. Qué bonito. No nos obliga a pensar, y ahí radica la belleza del piloto automático.

Se trata de un proceso extremadamente eficaz que no requiere ningún esfuerzo y totalmente necesario para nuestro funcionamiento. No podemos gestionar cada detalle de nuestra vida de manera consciente; si tuviésemos que hacerlo, acabaríamos agotados. Piense, por ejemplo, en lo difícil que resulta aprender un nuevo idioma o tocar un instrumento, o incluso conducir por primera vez. Cuando llevamos a cabo tareas sencillas, habituales o que hemos practicado lo suficiente para que nos resulten naturales, el subconsciente se muestra maravilloso y conserva los recursos para aquellas tareas más exigentes. El subconsciente piensa más rápido y de forma más «automática» que la mente consciente, a lo que deben dar gracias las personas que juegan bien al tenis o tocan el xilófono. Han practicado hasta el punto de que el subconsciente toma el mando y realiza un trabajo mucho mejor que el pensamiento consciente, más lento. En esas situaciones, las personas implicadas tendrán un rendimiento excepcional, y es importante entender esa distinción.

El problema es que el subconsciente no tiene un «botón de apagado». Dado que tenemos tendencia a vivir a base de hábitos, con rutinas integradas, la mayoría de lo que hacemos son cosas que ya hemos hecho. Así, el piloto automático se convierte en el modo de existencia por defecto. Si fuésemos jugadores de tenis, estaría muy bien, pero la mayoría de nosotros no nos pasamos la vida en una pista de tenis; la vida es más compleja que eso. Por tanto, tenemos que mejorar el equilibrio entre los dos sistemas de nuestro cerebro. Resulta imposible cuantificar cuál sería el equilibrio perfecto o las capacidades de la mente consciente para tomar las riendas de más actividades. No obstante, la mayoría de nosotros sabemos por instinto que si conseguimos estar un poco más despiertos y liberarnos del piloto automático cada día, viviremos de manera muy distinta.

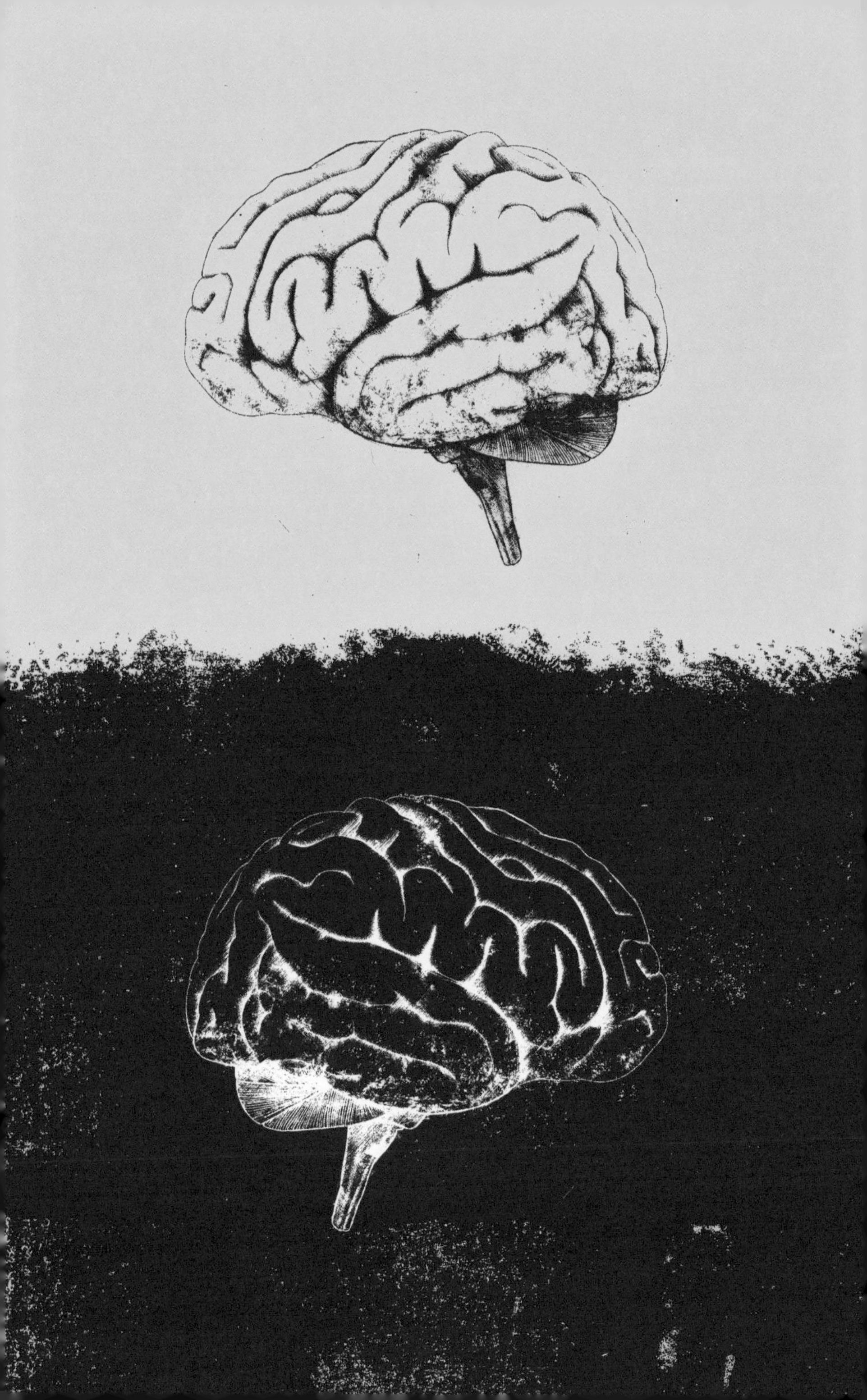

EL CEREBRO DEL HOMBRE DE LAS CAVERNAS

El cerebro humano no ha evolucionado demasiado en los últimos cincuenta mil años. Conservamos los instintos de supervivencia diseñados para protegernos de los peligros de la prehistoria (por ejemplo, animales que quieren comernos), no de los riesgos de la vida moderna.

Para sobrevivir, desarrollamos un mecanismo en nuestro cerebro que detectase los peligros potenciales al instante y nos permitiese reaccionar de inmediato. En la prehistoria nos resultó muy útil, ya que cuanto antes reaccionábamos incluso a las amenazas más leves, aumentaban las posibilidades de supervivencia. Por tanto, el miedo fue un factor fundamental en la reproducción de tus genes, y con el tiempo llegó a estar integrado en nuestro ADN.

Esas amenazas ya no existen, pero muchos de nosotros seguimos mostrando una aversión instintiva al riesgo. Forma parte de lo que somos.

Cuando estamos en piloto automático no nos cuestionamos esa tendencia a la negatividad; simplemente, la obedecemos. El cerebro del hombre de las cavernas está programado para desconfiar de todo lo nuevo y distinto, o de aquello que suponga un desafío a nuestra identidad y que sabemos que ha funcionado en el pasado. Al hombre de las cavernas le gusta que las cosas no cambien.

Por supuesto, el hombre de las cavernas solo intenta ayudarnos, que estemos a salvo. Nunca desaparecerá, ya que forma parte de nuestro diseño. No obstante, podemos aprender a escucharle y reaccionar de manera racional en lugar de obedecer sin pensar. Cuando nos demos cuenta de que está provocando una respuesta de miedo, llenándonos de adrenalina para despertar una reacción de lucha, huida o paralización, podemos pararnos, respirar y preguntarnos: realmente, ¿qué tiene esta situación de amenazante? A nuestro hombre de las cavernas interior le gusta provocar reacciones exageradas.

Cuando estamos en piloto automático, el hombre de las cavernas es el que manda. Cuando despertamos, pierde su poder.

Aprender a escucharle, apreciar lo que nos dice y decidir a continuación qué hacemos, de manera consciente, es la clave para liberarnos y llevar una vida resplandeciente.

Veamos las dos mitades del espectro consciente-subconsciente.

LA MENTE SUBCONSCIENTE

Cuando estamos en piloto automático, el subconsciente tiene el control. Esto significa que tendemos a ser muy reactivos al mundo en el que vivimos.

Cuando experimentamos una emoción del tipo que sea, reaccionamos. Y nuestras reacciones dictan cómo nos van a ir las cosas. Al subconsciente le encanta la fantasía y nos tentará a soñar despiertos siempre que sea posible. Este tipo de ensoñaciones tienen que ver con el pasado o el futuro, y suponen una enorme distracción con respecto a lo que ocurre en el momento presente. Cuando estamos en piloto automático, tomamos decisiones apresuradas, y casi nunca son acertadas. Si nos sentimos cansados, engullimos un refresco azucarado en lugar de tomarnos unos minutos para relajarnos y reponer fuerzas. Si hemos tenido una mañana difícil, el consuelo de una comida exageradamente caprichosa podría ser nuestro objetivo, y eso provocaría que no rindamos durante el resto de la jornada. Podría ocurrir que las tareas que tenemos que acabar hoy nos parezcan pesadas e inútiles, de modo que entramos en Facebook para distraernos. El piloto automático parece un poco «parado». Es pasivo. Está desconectado. Cuando se activa, sentimos que estamos solos y que la supervivencia es nuestra prioridad. Perdemos la conciencia de quiénes somos y de lo que es importante porque nos impulsa más el instinto que el conocimiento.

Cuando nos miramos en el espejo, lo que vemos es lo que creemos que somos y nada más: un nombre, un rostro, una identidad fija sin apenas conexión con nuestra humanidad más general. El tiempo vuela, ya que en ese estado nos encontramos muy ocupados con nuestros pensamientos, fantasías y acciones, o bien entramos en una zona gris en la que nuestros cerebros son alimentados gota a gota por aparatos digitales, medios de comunicación, juegos, televisión, el periódico de la mañana... Yo lo llamo Tierras Sombrías. Cuando estamos ahí, viviendo en piloto automático, siempre asustados (porque estar asustado significa que estás preparado para el peligro), vivimos de un modo primario, casi animal. Es posible que nuestro subconsciente sea eficaz, pero no nos hace brillar.

LA MENTE CONSCIENTE

El extremo opuesto del espectro es el lugar donde despertamos. Se trata de un estado realmente conectado y consciente. Todos hemos experimentado esos momentos de claridad cristalina. Visiones fugaces de lo maravillosa que puede ser la vida.

Por lo general, esos momentos se desencadenan a raíz de hechos aparentemente casuales: un paseo por el campo en un día especialmente precioso, una pieza musical que nos toca la fibra sensible... O cuando abrazamos a un ser querido. En ocasiones, por extraño que resulte, nos sentimos más vivos cuando se produce una muerte o un desastre. David Bowie murió el día antes de que escribiese estas líneas. Aunque fue un día especialmente triste, había algo mágico en el aire. Me sentí más despierto, ya que tomé conciencia de que podemos ser lo que queramos en esta vida, como Bowie, y celebrarlo todo los días, pero también recordé que nada es eterno. Una perspectiva muy útil para permanecer despierto.

Todo el mundo tiene su experiencia personal del despertar a la vida. Es inherente al hecho de vivir. Cuando conectamos, notamos que ya no reaccionamos ante el mundo que nos rodea, sino que respondemos tras haber considerado la situación y con mayor resolución. Nos parece que tenemos más opciones y que nuestras perspectivas son más flexibles a la hora de apreciar cualquier situación desde un punto de vista positivo.

La mente se calma, está presente y centrada, frente a su conducta en piloto automático, más errática.

Cuando despertamos, notamos que no estamos solos, que estamos realmente conectados con todo y todos en este planeta porque desde el punto de vista de la energía todos somos uno. Esta sensibilidad agudizada nos ayuda a entender qué es importante y qué no; nos permite dejar atrás nuestras obsesiones insignificantes para que podamos centrarnos en lo que realmente importa.

Cuando despertamos, tomamos conciencia, creamos, armonizamos con el mundo que nos rodea en lugar de oponernos a él y descubrimos que todo nos resulta más fácil. Para mí es un estado realmente vital, y no podría ser más distinto a vivir en piloto automático.

ROMPER CON EL PILOTO AUTOMÁTICO

El piloto automático es como sentarse delante del televisor sin hacer nada, picoteando a pesar de no tener hambre y viendo pasar las imágenes que aparecen en la pantalla.

Cuando despertamos, es como si fuésemos los protagonistas de un programa premiado que hemos creado nosotros mismos, y que continuaremos protagonizando cada día que estemos en este planeta. Piense en algunas de las ocasiones en las que se ha sentido completamente despierto y conectado. Cierre los ojos, respire profundamente y recuerde cómo se sintió. Concéntrese especialmente en aquello que hizo que la experiencia le resultase tan gratificante.

¿CÓMO ESTABA SU MENTE EN AQUEL MOMENTO?

¿QUÉ EMOCIONES SURGIERON EN AQUEL MOMENTO?

¿CÓMO FUE LA SENSACIÓN DE CONEXIÓN CONSIGO MISMO, CON LOS DEMÁS Y CON EL PLANETA?

¿QUÉ TUVO AQUEL MOMENTO QUE LO HIZO DISTINTO A VIVIR EN PILOTO AUTOMÁTICO?

DIBÚJELO, ESCRÍBALO,
GARABATÉELO,
CÁPTELO AQUÍ

DIBÚJELO, ESCRÍBALO,
GARABATÉELO,
CÁPTELO AQUÍ

Una de mis frustraciones actuales es que aunque he accedido a ese maravilloso estado de conciencia muchas veces, desaparece demasiado pronto y regreso a la rutina del piloto automático una y otra vez. Irónicamente, esa frustración sirve para que el piloto automático retome el mando con mayor facilidad. Cuando nos esforzamos demasiado, nos tomamos las cosas muy en serio. Para despertar tenemos que divertirnos y relajarnos. Desde la tensión no funciona.

La realidad es que nuestro subconsciente es extremadamente eficaz cuando se trata de tomar las riendas de nuestra mente, y así lo hará si le damos la más mínima oportunidad. Con independencia de los estados de felicidad que hayamos experimentado, en cuanto empezamos a estar muy ocupados y a hacer cosas que ya hemos hecho, el piloto automático se pone en marcha para ahorrar energía. Forma parte de nuestro diseño. No obstante, creo que el hecho de despertar de manera deliberada y con más frecuencia puede ejercer un profundo impacto en nuestra calidad de vida, en las decisiones que tomamos y en nuestra *joie de vivre* general. Cuanto más lo hagamos, más sintonizados estaremos con ese estado y más débil será el dominio del piloto automático. Nunca desaparecerá del todo porque lo necesitamos para sobrevivir, pero puede llegar a resultar menos dominante y, por tanto, servirnos de apoyo en lugar de gobernar nuestras vidas.

CÓMO SE UTILIZA ESTE LIBRO

Antes de sumergirnos en las técnicas que ofrece este libro para ayudarle a despertar, conviene que invierta un día (o incluso una semana) en observar con qué frecuencia se siente realmente despierto.

Lleve este libro a todas partes y anote en las páginas anteriores las ocasiones en que se siente despierto y los motivos que considera le han llevado a ese estado. Cuando lo intenté, me sorprendió comprobar las pocas veces que estaba despierto durante el trabajo. Recientemente pedí a un grupo de personas que hiciesen un seguimiento personal durante una semana, y todas acabaron sorprendidas por el control que el piloto automático ejercía en sus vidas. Un par de tipos honestos incluso me confesaron que durante la prueba no se les ocurrió ni una sola ocasión en la que hubiesen salido de ese estado adormilado y habitual, y se preguntaban hasta qué punto se les estaba yendo la vida de esa manera.

De manera bastante furtiva, el piloto automático no solo se alimenta de nuestros hábitos instalados, sino que además crea otros nuevos. Al cerebro del hombre de las cavernas le gusta lo conocido. Piensa que algo que hemos experimentado y que ha sobrevivido en el mundo binario de hace cincuenta mil años no puede ser tan malo. Así, cuando estamos en piloto automático tomamos decisiones que ya hemos tomado antes. La consecuencia es que gran parte de nuestra vida se convierte en una rutina y nos asfixia como una enorme y mullida manta.

Me gustan la meditación, el *mindfulness*, el yoga y las escuelas más esotéricas, y siento un enorme respeto por esas filosofías. No obstante, creo que me sirven más para trabajar en mi interior que en mi exterior. Me ayudan a gestionar mi energía, a concentrarme y a calmar la mente, pero no necesariamente me conectan con el gran entramado de este planeta, con la humanidad y con la conciencia universal. Personalmente, necesito cosas que hacer además de cosas en las que no se hace nada; es el yin y el yang del despertar.

Este libro está pensado para complementar esos enfoques relajantes con un juego divertido, activo y experimental. Creo que la única manera de despertar consiste en introducir experiencias nuevas y diferentes en nuestras vidas, experiencias que intensifiquen la sensación de conciencia. Todos somos únicos, cada uno con sus necesidades, creencias, deseos e identidades; por tanto, las diferentes experiencias nos influirán de modo distinto y lo que funciona para una persona podría no funcionar para otra. Básicamente, este libro consiste en una serie de experimentos para probar, jugar y ver qué le funciona a cada uno.

Muchos de estos experimentos se han probado con grupos numerosos y sabemos que tienen potencial para influir de manera positiva. Otros se presentan por primera vez, de modo que tiene la oportunidad de formar parte de un experimento todavía mayor. ¡Explíquenos su experiencia!

Sobre todo, recuerde que lo que tiene en sus manos es una oportunidad, no una carga. Este libro no pretende añadir puntos a su lista de tareas ni de robarle más tiempo. Se trata de jugar con las ideas que plantea si le apetece. Si se salta algunos experimentos, no se sienta culpable. Si algunos no le funcionan, es normal: es imposible que todos resulten adecuados para una misma persona. No existe una manera correcta o incorrecta de realizar los experimentos, ni tampoco un orden concreto para llevarlos a cabo. Confíe, simplemente, en que en algún momento encontrará lo que necesita.

A algunas personas les da mejor resultado repetir un experimento en días consecutivos. Por ejemplo, podría probar uno de lunes a jueves, y dedicar el viernes a repasarlo y ver qué ha aprendido. En el libro encontrará espacios para anotar sus ideas, lo que vaya aprendiendo y lo que no le dé resultado. A otras personas les va mejor hacer un ejercicio una sola vez para entender de qué se trata, y también es perfectamente aceptable. Si lo prefiere, lea el libro de principio a fin y realice los experimentos que le apetezcan, o simplemente échele un vistazo cuando necesite un pequeño empujón.

Mi único consejo es que no se limite a leer este libro y dejarlo en la estantería: tiene que realizar los experimentos para elevar su conciencia. Este libro intenta que usted piense menos y haga más. Mi buen amigo Jeremy me dijo en una ocasión: «Chris, hay personas de acción y personas que no». Conviértase en una persona de acción y su vida será más rica. No podemos despertar solo desde el intelecto, tiene que ser una experiencia holística y energética que solo se puede activar haciendo algo divertido. No se lo tome muy en serio; tiene que reírse. He optado por no profundizar demasiado en investigaciones y estadísticas para cerebritos, este libro no va de eso. No hablo de una auténtica ciencia de la conciencia, sino de una opinión, y es la mía. Citando mi último libro, «Normalmente, lo que cuenta no se puede contar, y lo que se cuenta casi nunca cuenta». Sin duda, ese es mi punto de partida.

Si necesita algo más que un empujoncito, realice estos experimentos con un amigo, porque lo que aprenda la otra persona podría enriquecer su propia experiencia. He observado que lo habitual no es recibir iluminación de forma instantánea; lo más normal es que los pequeños cambios de conciencia ejerzan un impacto mucho mayor de lo esperado. Si conecta consigo mismo a medida que prueba estos experimentos es muy probable que note resultados extraordinarios.

La película *Lawrence de Arabia* se basa en la vida de T. E. Lawrence, un hombre que siente que no encaja y que sigue su propia búsqueda personal para encontrarse. En el desierto establece una conexión inesperada con algunas tribus. Una de las frases más conocidas antes de empezar una batalla difícil es: «Las grandes cosas empiezan con pasos pequeños». Todos realizamos cambios a nuestra manera que tienen el potencial de ejercer una gran influencia en nuestra vida si se lo permitimos.

Si alguno de los ejercicios no da los resultados esperados, no dude en adaptarlo y recrearlo para que sí funcione. Las posibilidades para resolverlos son variadas, lo que permite introducir los cambios necesarios para que le vayan bien. Los experimentos le ayudarán a sintonizar y concentrarse en algo importante (se indican con un icono de una cabeza), a conectar con uno o más recursos de los que tiene a su alrededor (icono de una bombilla), o a accionar el cuerpo y/o la mente (icono de un rayo).

Cada ejercicio se divide en tres apartados: una explicación del experimento, un plan para ponerlo en práctica y los beneficios que obtendrá cuando lo lleve a cabo.

Mi última gran observación antes de que se zambulla en la diversión es que el modo en que aborde estos ejercicios determinará lo que obtendrá de ellos. Si se acerca a ellos con desgana, obtendrá resultados a medio hacer. Si se apresura, ni se enterará de que los ha hecho. Si procede con una actitud positiva, obtendrá abundancia. Antes de realizar cualquier ejercicio, respire profundamente tres veces, sentado o de pie, con una gran sonrisa y con plena conciencia de que la aventura está a punto de empezar. Abróchese el cinturón.

EN RESUMEN

- Dedique parte de su tiempo a notar con qué frecuencia sale del piloto automático y despierta. ¿Qué lo desencadena?
- Considere estos experimentos como algo divertido. No es una carga, es diversión.
- Antes de empezar un ejercicio, respire profundamente y sonría. La recompensa será mayor.
- No dude en adaptar los ejercicios según sus necesidades, pero asegúrese de realizarlos con plena conciencia para obtener todos los beneficios.
- Respire.

NO SÉ A DÓNDE IREMOS,

PERO PROMETO QUE NO SERÁ ABURRIDO.

DAVID BOWIE

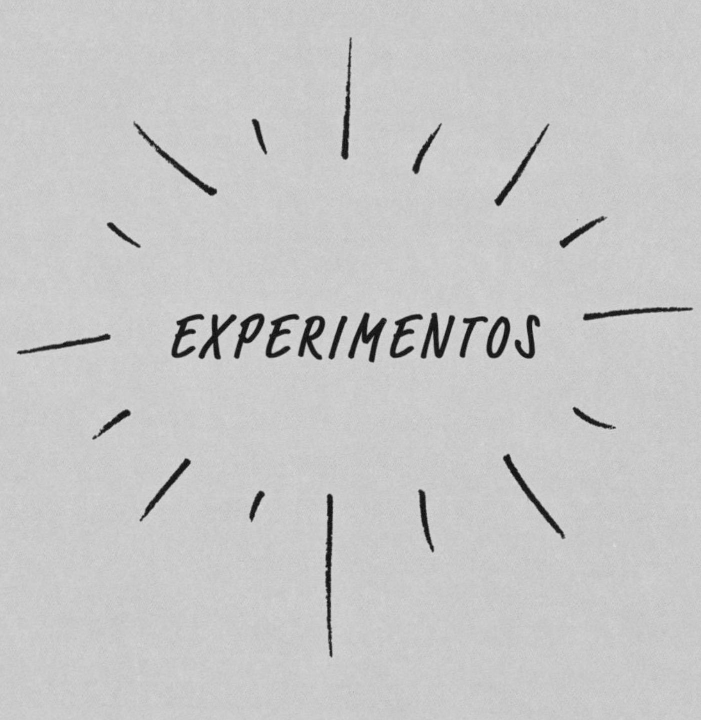
EXPERIMENTOS

RESPIRAR

Respiramos alrededor de veinte mil veces al día. El ritmo respiratorio medio es de treinta a sesenta inhalaciones por minuto en el momento de nacer, y entre doce y veinte en la edad adulta. Cuando somos bebés, todos respiramos de manera profunda y relajada desde el abdomen. Si alguna vez ha observado a un bebé durmiendo, habrá notado como sube y baja la tripita.

A medida que crecemos, el modo de respirar cambia. Sobre todo si estamos estresados o alarmados, el cuerpo activa sus instintos más primitivos y respiramos con inhalaciones cortas y rápidas. Los períodos de estrés prolongados nos llevan a respirar utilizando solo el tercio superior de los pulmones. Sin embargo, el tercio inferior es el que proporciona dos terceras partes de nuestra capacidad de respiración. La respiración torácica superficial implica que no obtenemos lo que necesitamos: nuestras capacidades cognitivas flojean, nos cuesta mantener la atención y conectar con los demás, y nos divertimos menos.

Por el contrario, cuando respiramos profundamente tenemos más energía. Incluso pueden mejorar la postura corporal y la digestión. Respirar ayuda a liberar toxinas y refuerza el sistema inmunológico.

Respirar correctamente es el modo más rápido de salir del piloto automático, desacelera el cerebro y nos aporta mayor claridad.

¡APRENDA A respirar!

LA EXPLICACIÓN

En general, todos somos inútiles en lo que a respirar se refiere. Tomé conciencia de lo mal que lo hacía cuando necesité seis meses de entrenamiento para aprender a respirar correctamente.

Cuando respiramos de manera incorrecta, privamos al cuerpo de oxígeno y, por tanto, nos cuesta alcanzar la claridad y el equilibrio necesarios entre el cerebro subconsciente y el consciente. Cuando el cerebro va demasiado rápido y nos falta ese equilibrio, estamos en piloto automático. Si somos capaces de bajar el ritmo y conseguir más armonía, la sensación de conexión aumenta de manera exponencial. La mayoría de mis clientes se esfuerzan por respirar profundamente, lo que les lleva a reaccionar de manera instintiva ante el mundo en lugar de hacerlo de forma deliberada.

Sin una buena respiración es imposible conectar con uno mismo o con el planeta y todas las energías fascinantes y en tecnicolor que nos rodean.

EL PLAN

Vamos a entrenar la respiración para que cuando sienta que no está alerta, sino en piloto automático, pueda tomar conciencia rápidamente y de manera eficaz concentrándose en la respiración.

Quiero que invierta tres minutos en respirar bien, cinco veces al día: por la mañana, al despertarse; a media mañana, después de comer, a media tarde y, para finalizar, antes de pasar un rato con sus seres queridos.

Funciona así:

- Busque un espacio en el que se sienta cómodo, sin distracciones. Siéntese con los pies tocando el suelo, con la espalda recta, y empiece sonriendo.
- Inspire por la nariz durante cinco segundos y mantenga el aire otros seis segundos.
- Espire por la boca durante siete segundos.
- Repita dos veces más o hasta que se sienta alerta, presente y conectado (déjelo si se marea).

Recuerde: 5-6-7, 5 segundos de inspiración, 6 segundos manteniendo el aire y 7 segundos de espiración.

LOS BENEFICIOS

Si hay algo que puede hacer en cualquier parte, en cualquier momento, y que ejerce una enorme influencia en lo despierto y conectado que se sentirá, es respirar.

Respirar profundamente antes de cada ejercicio de este libro mejorará considerablemente los resultados. Una mala respiración es sinónimo de desconexión, lo que dará paso al piloto automático. Al respirar bien tendrá una perspectiva mucho más clara, más opciones y la posibilidad de mejorar su vida en general.

Convierta el acto de respirar bien en una parte de su vida cotidiana y despertará irremediablemente.

Acabe
CON EL TELEVISOR

LA EXPLICACIÓN

Cuando estamos cansados y sentimos la necesidad de un poco de consuelo, el atractivo de acurrucarnos delante del televisor resulta casi irresistible.

Lo único que tenemos que hacer es presionar algunos botones para dejar entrar en nuestras vidas el mejor espectáculo del mundo. No requiere esfuerzo y, por tanto, podemos desconectar y dejar que nuestros estresados cerebros conscientes se cierren en banda mientras el subconsciente se deja llevar por el maravilloso y colorido mundo de píxeles que tenemos delante.

Un poco de televisión no está mal, pero mucha televisión es una pérdida de tiempo. En España invertimos una medida de cuatro horas diarias viendo la tele; en América casi llegan a las cinco horas. Muchos de nosotros solo pasamos tiempo en casa con la familia después del trabajo, y considero que malgastamos muchos de esos momentos preciados con nuestros seres queridos entrando en un coma televisual.

Y no solo eso: la televisión influye en nuestra visión del mundo, incrementa nuestra insatisfacción, manipula nuestros gastos e incluso provoca una reducción de actividad sexual. Qué mala es la tele.

EL PLAN

ESTA SEMANA, EL RETO CONSISTE EN NO VER LA TELE.

Observe que cuando la televisión no es una opción, hay otras muchas cosas que puede hacer y que resultan verdaderamente satisfactorias. Cuando llegue a casa después del trabajo o acabe sus tareas diarias, haga algo que no hace habitualmente en lugar de vegetar delante de la caja tonta.

Lea un libro, salga a dar un paseo, llame a un amigo, aprenda a tocar un instrumento, pruebe alguna receta nueva, disfrute de tiempo de calidad con su familia y mantenga una buena conversación sobre la vida, medite, cultive algo, ordene el trastero... Haga lo que quiera siempre y cuando se trate de una opción consciente y no por defecto en modo piloto automático.

Un amigo mío, Ben Edmonds, decidió que en lugar de ver la televisión se dedicaría a aprender cosas nuevas. Una de esas cosas era fabricar un cuchillo a mano. Ahora es el propietario de Blok Knives, que fabrica algunos de los mejores cuchillos de cocina del mundo y tiene una lista de espera de tres años y medio para sus exclusivos productos. ¿Qué podría conseguir usted si dejase de ver tanta tele?

LOS BENEFICIOS

El primer beneficio de no ver tanto la televisión es que tendrá mucho tiempo libre, tiempo que podrá utilizar para enriquecer su vida en lugar de dedicarse a sobrevivir. En el transcurso de una semana, si se sienta ante el televisor las horas que responden a la media nacional, recuperará un día entero de tiempo libre. ¡Eso es un fin de semana de tres días cada semana!

El segundo beneficio es que al evitar deliberadamente el estado pasivo que induce la televisión notará que está más alerta y, por tanto, más despierto durante más tiempo. Así, le resultará más fácil tomar mejores decisiones y conectar con su verdadera esencia y con sus seres queridos.

Vivamos una vida extraordinaria, no nos limitemos a observar la vida de los demás.

EN LUGAR DE VER
LA TELE, ESTA SEMANA
CREO QUE PROBARÉ...

UN POCO DE DEPURACIÓN

LA EXPLICACIÓN

Cuando vivimos en piloto automático, nuestra conciencia sufre. No somos muy conscientes de cuáles son nuestras prioridades, del impacto que tenemos en el mundo que nos rodea y de cómo nos cuidamos.

Me sorprende enormemente nuestra ignorancia en cuanto a lo que metemos en nuestros cuerpos solo para afrontar los retos que se nos presentan a diario. En cualquier ciudad puede ver hordas de gente que se sustentan y estimulan a base de grandes dosis de cafeína, azúcares refinados y alcohol.

Cuando se depende de estas drogas, resulta muy difícil ser plenamente consciente de que estas pequeñas bestias son las que controlan su sistema y no usted. Cada uno trabaja a su manera, pero cada uno de estos estimulantes es sorprendentemente eficaz en romper su equilibrio. Curiosamente, puede que seamos más conscientes del fuerte impacto que tiene el alcohol y, sin embargo, nos olvidamos de la cocaína de la industria alimentaria, el azúcar refinado. Un reciente estudio realizado en Francia muestra que las ratas de laboratorio prefieren el azúcar a la cocaína, a pesar de que eran adictas a la cocaína.

EL PLAN

No estoy sugiriendo que prohibamos esos estimulantes para siempre, pero creo que si prestamos atención a nuestro cuerpo nos sorprenderá comprobar cómo lo envenenamos día tras día. Esta semana vamos a hacer un poco de depuración.

DURANTE LOS CUATRO DÍAS SIGUIENTES PRESCINDA DE LA CAFEÍNA, LOS AZÚCARES REFINADOS Y EL ALCOHOL.

Tan sencillo como eso. Eso significa nada de cafés con leche, ni de donuts pegajosos, ni dulces, ni copas furtivas después del trabajo, ni galletas, ni basura producida en masa, ni refrescos, ni una copa de Barolo con la cena. La cafeína y el alcohol son relativamente fáciles de detectar, pero para evitar los azúcares refinados es preciso leer bien las etiquetas de lo que comemos (y, créame, están en casi todo y en dosis ridículamente altas).

Debido a la naturaleza altamente adictiva de estos estimulantes, sobre todo del azúcar, es posible que tenga dolor de cabeza y que se sienta un poco débil al prescindir de ellos. Tome mucha agua y coma en pequeñas cantidades y de manera frecuente para equilibrarse. El síndrome de abstinencia no durará mucho; persevere, porque los beneficios son considerables.

LOS BENEFICIOS

El mero proceso de pensar en el modo de eliminar los estimulantes de la dieta ya resulta útil. Tomará conciencia de lo mucho que llegamos a depender de nuestros pequeños hábitos.

Muchas personas, entre las que me incluyo, consideran que una depuración sencilla ejerce un profundo impacto. Personalmente, los dos primeros días sin mi café americano me resultan más difíciles de lo que podría imaginar, pero después se rompe el hechizo y puedo decidir si es algo que quiero en mi vida o no en lugar de dejarme llevar por la adicción. Cuando decidimos de manera consciente lo que ingerimos, empezamos a despertar. Y veremos los beneficios en nuestros niveles de energía cada vez que rechacemos algo que sabemos que no nos hace ningún bien.

Esta manera amplia
de ver la vida, el universo
y todo lo que nos rodea
PUEDE AYUDARNOS A GANAR EN CLARIDAD Y A DARNOS CUENTA DE QUE
somos actores en un pequeño
escenario de un enorme
circo cósmico.

VIAJE AL
ESPACIO

LA EXPLICACIÓN

Los astronautas experimentan un profundo cambio espiritual cuando ven la Tierra desde el espacio. Se dan cuenta de que gran parte de su identidad se basa en quiénes son en nuestro planeta y, por tanto, en cómo viven sus vidas y en lo que es importante para ellos. Sin embargo, cuando se ven físicamente separados de la Tierra, girando alrededor de ese «punto azul» cada hora y media, descubren que todas sus creencias se someten a un desafío liberador.

El astronauta Chris Hadfield fue noticia recientemente por su vídeo de la versión de «Space Oddity», que consiguió millones de visitas. Hadfield afirma que cuando estás en el espacio, «reconoces la unanimidad de nuestra existencia. Lo que tenemos en común». Considera que su vídeo ha llegado a ser tan popular porque «ayudó a demostrar a las personas algo que entiendo muy bien: que esto es una extensión de la conciencia humana. De la comprensión humana. La perspectiva humana sobre nosotros mismos. Tenemos que entenderlo y convertirlo en parte de nuestra propia conciencia aumentada. Esto fue un pequeño paso hacia ese objetivo».

EL PLAN

Hoy vamos a zambullirnos en el profundo espacio negro que nos rodea. Para empezar, busque un lugar cómodo al aire libre y siéntese donde pueda ver el cielo (si es preciso, lea todo el plan y después póngalo en práctica).

Respire profundamente, sonría y siéntese con la espalda recta. Cierre los ojos e imagínese en el interior de una nave espacial.

Imagine que los motores se ponen en marcha. A medida que el ruido y las vibraciones aumentan, sienta cómo se va alejando de este planeta y ve la tierra bajo sus pies, cada vez más lejos.

Disfrute del viaje.

Cuando crea que se está acercando a la Luna, aterrice. Vuelva a mirar el planeta Tierra y aprécielo.

Es su casa, y el lugar donde la humanidad ha conseguido cosas increíbles. Mientras lo contempla, observe lo bonito que es y lo tranquilo que parece desde el espacio. La quietud resulta casi mareante.

Empápese de todo y perciba los cambios en su interior a raíz de esta perspectiva amplia. No se precipite; no todos los días puede pasearse por la Luna.

Cuando considere que está listo, puede empezar el viaje de regreso a casa. Disfrute de la reentrada en la atmósfera, de la primera vez que ve los continentes, después los países, las masas de agua, las cadenas montañosas, hasta distinguir los campos, las ciudades, los bosques y las carreteras.

Por último, aterrice tranquilamente en tierra firme.

LOS BENEFICIOS

El mejor escritor sobre la galaxia, Douglas Adams, lo resumió muy bien: «El hecho de que vivamos en el fondo de un profundo pozo gravitacional, sobre la superficie de un planeta cubierto de gases, que gira alrededor de una bola de fuego nuclear que está a 150 millones de kilómetros y nos parezca normal, es obviamente una indicación de lo sesgada que tiende a ser nuestra perspectiva». Esta manera amplia de ver la vida, el universo y todo lo que nos rodea puede ayudarnos a ganar en claridad y a darnos cuenta de que somos actores en un pequeño escenario de un enorme circo cósmico. Y de ese modo volveremos a conectar con lo que es realmente importante, no con lo que hace más ruido.

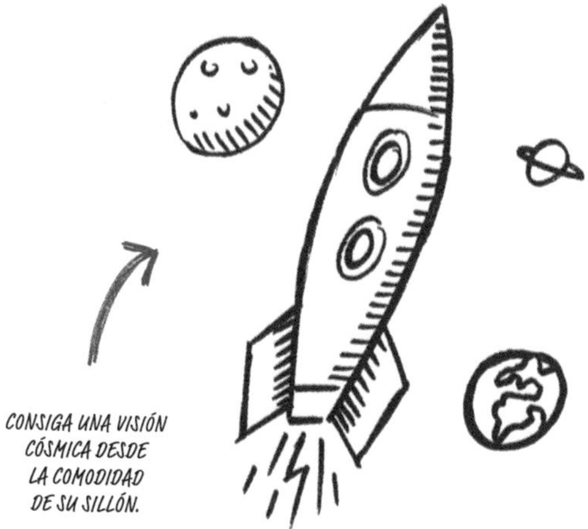

SINTONIZAR

Llevamos una vida acelerada en la que se trata de hacer cosas. Somos expertos en llenar nuestros días de actividades y de pasar de una cosa a la siguiente a toda prisa. Cuando estamos desbordados y centrados en acabar tareas, resulta muy difícil conectar con lo que somos y con el mundo en el que vivimos.

Gran parte de este libro consiste en ayudarnos a salir de ese estado de ajetreo y reconectar energéticamente con quienes somos y el mundo en el que vivimos. De ese modo se ampliará nuestra perspectiva de por qué hoy puede ser un día extraordinario.

Después de años de insensibilización ante el mundo tenemos que recalibrar nuestros sistemas si queremos que este libro forme parte de nuestra vida cotidiana. La vía más rápida y más sencilla para empezar a reconectar con esa sensibilidad consiste en bajar el ritmo. Siéntese o colóquese de pie con la espalda recta. Respire profundamente hasta el estómago, mantenga el aire unos segundos y espire. Deje que el estrés y la complejidad de la vida se vayan con el aire expulsado (*véase* pág. 28).

Sabrá que ha sintonizado cuando:

- tome conciencia de quién es y dónde está, y cuando esté presente en el momento actual

- el tiempo se ralentice un poco
- sienta la mente despejada y centrada
- sienta emociones positivas
- todo le parezca bien.

Descubrirá que cada vez que conecte, la próxima vez le resultará más fácil. Al principio es posible que tenga que tomar la decisión consciente de reconectar, pero con el tiempo lo hará de forma natural porque formará parte de sus vías nerviosas y energéticas. Cuanto más practique, ese estado elevado de conciencia mejorará en calidad y claridad, y se prolongará por más tiempo.

Al principio, cuando empiece, esa maravillosa sensación de conciencia plena podría durar solo unos segundos, pero en poco tiempo conseguirá mantenerla varios minutos y después, con un poco de suerte, durante horas. Habrá quien consiga mantenerla durante días, semanas, meses o incluso años. Yo nunca he conseguido pasar de unas horas, pero muchas personas afirman que cuando realizan esa conexión tan profunda, ya nunca la pierden. Esperemos que nos ocurra a todos.

Antes de conectar con las energías que nos rodean, sintonizar con nosotros mismos nos ayudar a preparar nuestras propias energías.

PERCIBA *lo que* VE

LA EXPLICACIÓN

Hace muchos años trabajé en un proyecto creativo en Londres. En una sesión para proponer ideas llegué a la conclusión que se necesitaba una nueva perspectiva. Mi compañero y yo decidimos cruzar el puente de Londres imaginando que veíamos a través de los ojos de un niño. Fue fascinante. Nos llevó una hora y media, y en ese tiempo se nos ocurrieron más de treinta ideas estimuladas por lo que vimos a nuestro alrededor.

El proyecto estaba diseñado para ayudar a nuestro cliente a evitar que sus empleados acabasen quemados; se trataba de mejorar sus técnicas de gestión. Cuando contemplamos el Támesis, su turbulencia, sus remolinos y sus mareas, observamos que el agua se movía a velocidades muy distintas en diferentes puntos. Nos sorprendió que nuestro cliente trabajase siempre a una misma velocidad, que era a toda marcha. La idea que surgió del río consistía en que cada proyecto se diseñaría con una velocidad determinada (rápida, media o lenta). Los proyectos se planificarían y se programarían en función de su ritmo, y a cada miembro del equipo se le asignaría una combinación de proyectos para que pudiesen gestionar mejor su energía y contasen con más tiempo para pensar.

En una situación normal cruzaría el puente de Londres en unos minutos y no percibiría nada de lo que me rodea. Para despertar al mundo en el que vivimos tenemos que ver más. Por tanto, vamos a trabajar un poco la conexión.

EL PLAN

Durante los próximos cuatro días, lleve siempre consigo un pequeño cuaderno de notas y un bolígrafo.

CADA VEZ QUE OBSERVE ALGO QUE PODRÍA RESULTARLE INTERESANTE, ANÓTELO EN EL CUADERNO.

Pueden ser personas, conversaciones, edificios, artículos o una mirada fugaz de alguien desde un autobús. No importa lo que sea, lo único que importa es que lo perciba.

Personalmente, las cosas que me llaman la atención tienden a provocarme una reacción emocional. Si la emoción es perceptible, merece la pena averiguar por qué, ya que podría aprender algo. En su caso, el proceso podría ser distinto. Por ejemplo, es posible que sea mucho más sensible a las vistas que a los sonidos. En ese caso, sintonice con lo que escucha y observe qué sonidos y ritmos captan su atención. Podría ocurrir que su vida ahora mismo sea muy seria y que lo que más le llame la atención sean las cosas más alegres y divertidas. Simplemente, perciba lo que ve.

LOS BENEFICIOS

Al anotar todo lo que nos llama la atención ganaremos en sensibilidad hacia el mundo en el que vivimos y, por tanto, se intensificará nuestra sensación de conexión y vitalidad.

Algunas de las personas que han probado este experimento afirman que se sienten más conectadas con la energía del lugar en el que viven y que experimentan más sincronicidad. Cuanto más percibamos nuestro entorno, más despiertos estaremos.

DIBÚJELO, ESCRÍBALO,
GARABATÉELO,
CÁPTELO AQUÍ

COMIDA CASERA

LA EXPLICACIÓN

Mi relación con la comida ha evolucionado mucho con el tiempo. Antes creía que la única finalidad de la comida consistía en aportar energía a mi organismo para poder vivir. Ahora que tengo más información, la cerveza y el curry ya no son mis mejores amigos (aunque sí amiguetes ocasionales).

Cuando empiece a ser más sensible a la energía, observará rápidamente que lo que ingiere es lo que obtiene. Cuando vivimos de manera acelerada, podemos acabar olvidando ese dato. La vida en piloto automático implica que reaccionamos a nuestras necesidades. Si nos sentimos flojos por la mañana, sabemos que un poco de cafeína nos espabilará. ¿Un bajón de energía a media tarde? Cualquier tentempié cargado de azúcar refinado nos ayudará a recuperarnos. Por lo general, ingerimos esa basura sin ni siquiera darnos cuenta de que lo estamos haciendo. El piloto automático nos reabastece, y no le importa si el combustible es el adecuado a largo plazo. Solo le importa que sigamos adelante ahora.

EL PLAN

EN CASA Y EN EL TRABAJO, CONSUMA ÚNICAMENTE ALIMENTOS PREPARADOS PERSONALMENTE CON INGREDIENTES CRUDOS.

Esto significa que debe eliminar los picoteos preparados, las comidas para llevar y la basura procesada. Busque los ingredientes locales más frescos y notará los beneficios. Visite las fruterías, las carnicerías y las pescaderías locales, y disfrute del proceso de buscar lo mejor del día. Habrá productos que lucirán más maduros y más espléndidos que otros; tómelos con la mano, huélalos y perciba qué le atrae de ellos. Es posible que no haya cocinado en su vida, pero no se preocupe: en internet encontrará recetas para todos los platos que pueda imaginar. Cualquier comerciante que se precie le explicará qué productos son de temporada y su manera favorita de prepararlos. Pregunte; puede aprender mucho. Esta tarea requiere algo de planificación y preparación, pero merece la pena.

LOS BENEFICIOS

Después de conectar con lo que comemos, tomaremos mejores decisiones sobre nutrición. Notará que determinados alimentos le sientan mucho mejor que otros. Mediante la experimentación he descubierto que el pan producido en masa no me beneficia, motivo por el que lo he eliminado de mi dieta. Sin él tengo más energía y aguanto mejor durante todo el día. Cada uno es distinto, por supuesto, pero el ejercicio de ir eliminando alimentos le ayudará a descubrir qué le va mejor.

Además, conocerá mejor a los comerciantes de su zona, sabrá de dónde procede su comida y se implicará mucho más. La diferencia entre los productos fabricados en masa y un plato preparado con pescado fresco es abismal. Cuando se dé cuenta de los beneficios de consumir productos frescos, de lo bien que le sientan, será casi imposible que retroceda.

Como afirmó Boy George, «Nunca comas nada que vaya acompañado de un anuncio».

PIÉRDASE

A LA HORA DE COMER

LA EXPLICACIÓN

La mayoría de nosotros tenemos el control casi total de nuestras vidas. Gestionamos nuestro tiempo, nuestro dinero y nuestro entorno para reducir las posibilidades de llevarnos una sorpresa.

El rendimiento de nuestros teléfonos supera con creces a los ordenadores más avanzados de hace veinte años. Con el móvil podemos consultar la cuenta bancaria, los horarios de trenes, el clima, los termostatos de casa, las entregas del supermercado y cuántas calorías hemos quemado hoy sin hacer ejercicio. Con el GPS oculto en todos nuestros dispositivos nunca experimentamos la estimulante sensación de no saber dónde estamos, a dónde vamos o cómo podríamos regresar. El hecho de estar perdidos y solos refuerza nuestra independencia y nos enseña a afrontar lo incierto y lo nuevo. Como explica el escritor y aventurero Jon Evans, «Eliminar el "estar perdido" puede sonar bien sobre el papel, pero a mí me parece que es como acomodarse en una silla de ruedas estupenda sin aprender a correr».

EL PLAN

ME GUSTARÍA QUE A LA HORA DE LA COMIDA SALIESE A DAR UN PASEO Y SE PERDIESE.

Si conoce su entorno inmediato, como es de esperar, tome el primer autobús o tren que se dirija a un lugar en el que nunca haya estado. Cuando hago esto, me dejo llevar por completo hasta ver dónde acabo. Nunca estará perdido del todo, ya que siempre puede preguntar, pero la sensación de no saber dónde está forma parte de la aventura. Disfrute del hecho de deambular sin un destino.

Mientras pasea, baje el ritmo y perciba los detalles del mundo que le rodea. Cuando paseamos por lugares conocidos, el piloto automático entra en funcionamiento; cuando lo hacemos en lugares nuevos y distintos, prestamos más atención a los pequeños detalles. La arquitectura, los nombres de las calles, las personas que viven y trabajan allí, los olores y los sonidos resultarán más atractivos y podrían darnos algunas sorpresas. Si se mueve con el piloto automático o con la vista clavada en el móvil no percibirá nada de eso.

LOS BENEFICIOS

Cuando nos perdemos, nuestra sensibilidad se agudiza porque empezamos a buscar señales para encontrar el camino de regreso. Esa sensibilidad nos ayuda a estar más despiertos y a apreciar el entorno en el que vivimos. Perderse también implica, por definición, vivir experiencias nuevas, ricas y muchas veces sorprendentes. Y todo ello nos ayuda a disfrutar un poco más del hecho de estar vivos.

Cuando

CONECTE

con lo que realmente le emociona, tomará conciencia de que

ASÍ ES COMO DEBE VIVIR.

Paseo
Y CHARLA

LA EXPLICACIÓN

La presión y la complejidad de la vida moderna no nos ayudan a encontrar la claridad. Nuestros cerebros, muy ocupados, se distraen con los estímulos de la vida cotidiana. Así, supone todo un reto implicarnos a fondo en lo que realmente importa en la vida.

Un estudio reciente realizado por la Universidad de Harvard demostró que el 50 % de la población no se concentra en lo que hace. Hace veinte años las cosas eran distintas por la sencilla razón de que las herramientas de la interrupción no eran tan abundantes.

Tendemos a crear narrativas sobre quiénes somos y qué ocurre en nuestras vidas, y casi nunca son ciertas. Entre las falacias habituales se incluyen los lamentos por cómo hemos llegado a la situación en la que nos encontramos y por qué no tenemos salida; algo del tipo «no puedo poner en práctica mi pasión hasta que los niños se hagan mayores; hasta entonces, tengo que ser un animal de carga». Nos aliamos con esas falsedades porque nos parece que nos aportan perspectiva cuando en realidad nos encarcelan en un mundo de fantasía.

EL PLAN

Para dejar atrás esas historias y conectar con la verdad, prepare una pequeña excursión con un amigo. Salgan a dar un paseo, y mientras caminan, hable muy rápido de su vida: qué le va bien y qué no, qué le hace feliz o qué le pone triste... Suelte todo lo que se le pase por la cabeza. Si habla con la rapidez suficiente, se le acabarán las cosas lógicas, inteligentes o incluso verdaderas que decir; en ese punto, continúe hablando rápido, soltando lo que se le pase por la cabeza. Mientras habla, dirá alguna que otra cosa que provocará un cambio de estado en usted: esas son las cosas que nos interesan.

El papel de su amigo consiste en escuchar; también podría anotar algunos puntos fundamentales de su discurso. Al cabo de diez minutos, conviene que aterrice. Es posible que haya aclarado un aspecto de su vida que merecía un poco de atención. Esa nueva perspectiva le ayudará a decidir cómo resolver ese problema (por ejemplo, reflexionando un poco mientras se toma una taza de té). Después de este ejercicio, muchas personas saben exactamente qué tienen que hacer. La clave consiste en anotar de inmediato eso que va a hacer, ya que la claridad que se consigue en ese maravilloso estado se puede perder rápidamente.

Como hacen los buenos amigos, sería conveniente que ofrezca a su compañero de experimento la oportunidad de invertir los papeles.

LOS BENEFICIOS

Si realiza este experimento cada vez que se sienta atascado, descubrirá que tiene una perspectiva mucho más clara sobre cómo vive su vida y sabrá hacer que cada día sea extraordinario. Es como podar los arbustos: es preciso eliminar las ramas viejas para impulsar el crecimiento de brotes nuevos. Cuando dé los pasos necesarios para introducir cambios, todo florecerá. Resulta difícil estar despierto cuando se vive en una versión ficticia de la propia vida; en cambio, cuando conectamos con lo que nos emociona realmente, tomamos conciencia de que así es como debemos vivir.

CONSTRUYA UN AVIÓN Y LÁNCELO

LA EXPLICACIÓN

Conocía a un tipo que tenía una obsesión bastante extraña. Le encantaba subir a una montaña con su *frisbee* y ver hasta dónde llegaba. Aunque resultó ser una afición cara, ya que casi todos los discos voladores se perdían, le encantaba la sensación de ver cómo desaparecían en la distancia.

Vivimos con la sensación de estar limitados y encajonados. Es como si llevásemos el peso del mundo sobre los hombros, y esa presión nos aplasta hasta que encajamos en el molde.

Resulta fácil perder la capacidad de ser frívolo y alegre, pero forma parte de nuestra esencia. Cada día tiene mil cuatrocientos cuarenta minutos, pero solo invertimos seis minutos en reír. Vamos a acumular más minutos de diversión en nuestro banco del tiempo diario.

EL PLAN

ES MUY SENCILLO. CONSTRUYA UN AVIÓN DE PAPEL, VAYA A UN LUGAR ELEVADO Y CONTEMPLE HASTA DÓNDE VUELA.

Si es posible, recupérelo cuando aterrice, pero lo más importante es que disfrute del momento del lanzamiento y de contemplar hasta dónde lo lleva el viento.

En función de la aerodinámica de su nave y de las condiciones del viento, podría ser una aventura maravillosa. Aunque no podemos ver las turbulencias y las corrientes de aire, el avión las acompañará. Un avión de papel soltado desde cierta altura tiene similitudes con el modo en que se desarrollan nuestras vidas. Su curso no se puede predecir, ya que siempre habrá sorpresas. Algunos elementos de la vida chocan y se queman a una gran velocidad; otros toman las rutas más enrevesadas y maravillosas para llegar a un lugar que nunca habríamos imaginado.

Si hay algo que lleva un tiempo molestándole, escríbalo en el papel del avión antes de lanzarlo a los cielos y déjelo ir, literalmente.

(No haga el extremo muy puntiagudo si hay personas cerca; reserve el diseño tipo dardo para lugares apartados.)

LOS BENEFICIOS

Hacer algo por pura diversión nos ayuda a recordar que esta experiencia de vivir en nuestro planeta trata sobre todo de divertirse. Si no disfrutamos y no amamos la experiencia de estar vivos, estaremos malgastando la maravillosa vida que se nos ha dado.

Los aviones de papel no tienen nada de profundo ni de ingenioso, pero la sonrisa que se dibuja en el rostro cuando se sueltan vale más que muchos procesos terapéuticos serios. Vuelva a ser un niño y lance aviones de papel.

CÓMO SE HACE UN AVIÓN DE PAPEL

1.

DOBLE UN FOLIO POR LA MITAD (A LO LARGO) Y ÁBRALO.

2.

DOBLE LAS DOS ESQUINAS DE MANERA QUE QUEDEN EN LA LÍNEA CENTRAL.

5.

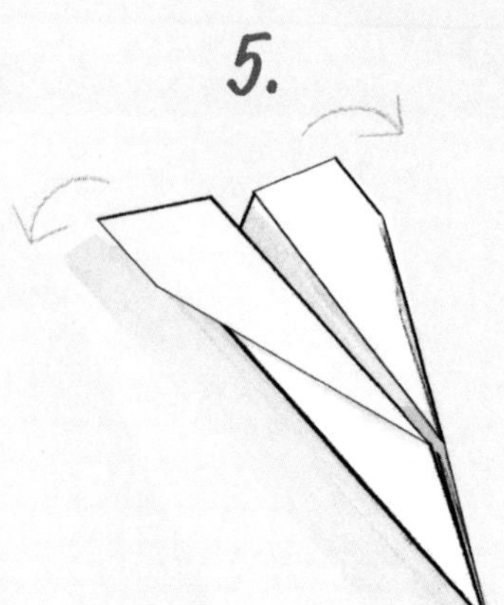

6.

¿A QUÉ ESPERA?

¡A VOLAR!

3.

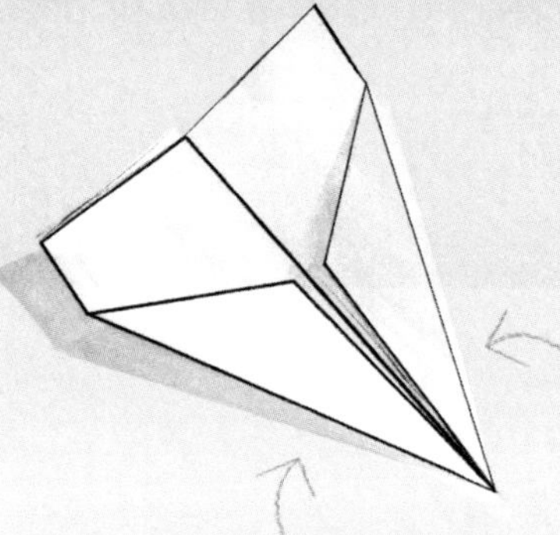

VUELVA A DOBLAR
LAS ESQUINAS.

4.

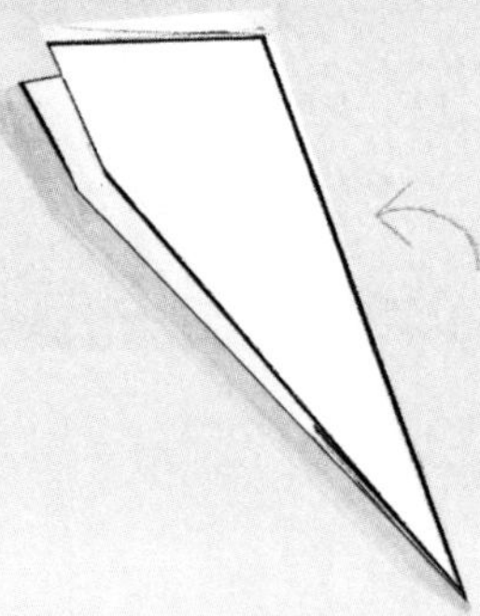

DOBLE POR LA MITAD.

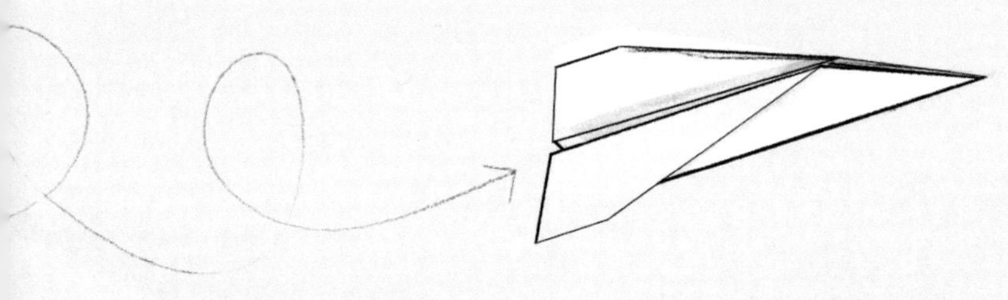

Spielzeug

LA EXPLICACIÓN

Conocí el concepto de *Spielzeug* a través de mi buen amigo Dan Kieran. Su próximo libro tratará de este concepto, tan hermoso que no he podido resistirme a incluirlo aquí. Es una palabra alemana que significa, sencillamente, «juguete», pero como ocurre en tantas ocasiones, su esencia se pierde si la traducimos.

Spielzeug tiene que ver con la energía palpable que poseen ciertos objetos. Muchos de nuestros objetos favoritos la tienen: un bolígrafo, una taza, unas gafas o, en mi caso, una guitarra. Esas cosas se convierten en nuestras favoritas porque poseen una energía distinta a la del resto, una energía que conecta con nosotros a nivel personal. Creo que esa energía no solo está en los objetos, sino también en edificios, obras de arte, lugares y personas.

Algunos de los lectores serán muy conscientes de la existencia del *Spielzeug*, otros no, pero lo que es cierto es que si sintonizamos con nosotros mismos para sentirlo más a menudo, cada día tendremos más oportunidades de conectar con nuestro entorno.

Conectar con las cosas que nos rodean desde el punto de vista energético nos ayudará a tomar más conciencia de nosotros mismos y del mundo en el que vivimos. Por tanto, nos ayudará a despertar y a sentirnos más vivos.

EL PLAN

ESTA SEMANA, DEDIQUE DIEZ MINUTOS DIARIOS A SUJETAR CON LAS MANOS ALGUNAS DE SUS COSAS FAVORITAS.

Tome los objetos elegidos de uno en uno, cierre los ojos, respire profundamente y perciba su tacto. En primer lugar, concéntrese en sentir su forma, su peso y su textura; después, olvide todo eso y limítese a sujetar la pieza y a conectar a un nivel más profundo.

Si tiene un libro favorito, por ejemplo, realice el ejercicio y después repítalo con otro libro con el que no sienta una conexión especial. Contraste la diferencia.

Empezará a percibir que el *Spielzeug* vive en los lugares más insospechados y en los objetos más cotidianos. Determinados edificios y lugares le despertarán una sensación mental o física positiva, mientras que otros casi le provocarán rechazo. Cuando encuentre un lugar rebosante de *Spielzeug,* siéntese, respire profundamente y sonría mientras disfruta de esa energía.

Notará que algunas personas también poseen esa energía. Existen personas con las que conectamos de manera natural, y por eso deseamos tenerlas cerca. Como afirmó el escritor y poeta Charles Bukowski, «El alma libre es rara, pero la identificas cuando la ves: básicamente porque te sientes a gusto, muy a gusto, cuando estás con ella o cerca de ella».

LOS BENEFICIOS

La capacidad de sentir el *Spielzeug* es como tener una brújula propia para vivir. Al conectar con él y utilizándolo para tomar decisiones, descubrirá que empieza a elegir mejor, que sus elecciones encajan mejor con usted desde el punto de vista energético.

Cuando perciba el *Spielzeug,* se sentirá más vivo y más consciente de quién es y del mundo que le rodea. Para percibirlo y sentirlo es preciso que esté conectado, y cuando está conectado, está despierto.

Estamos rodeados de* Spielzeug. *Sintonice con él y se sentirá más vivo.

ACCIONAR

Cuando estamos cansados, estresados, agotados, hechos polvo, nos falta la energía necesaria para equilibrar nuestro pensamiento. El cerebro consciente necesita mucha gasolina, y si no funciona a pleno rendimiento, el subconsciente toma las riendas.

Para despertar necesitamos un buen sistema de energía limpia. Todo este libro trata sobre la energía, pero la distinción en este caso no tiene tanto que ver con la energía universal y sí con la energía personal. Es preciso cuidar bien del cuerpo y la mente si queremos que funcionen correctamente. Sin la chispa adecuada es imposible despertar de forma habitual y mantener ese estado de conciencia.

Para poner en marcha el encendido tenemos que realizar algunos ajustes físicos mediante la nutrición, el ejercicio, el sueño nocturno y el descanso. También tenemos que aprender a hacer que nuestros cerebros sean más productivos enfrentándonos a la negatividad y al miedo, concentrándonos más y estando más abiertos a las posibilidades. Además, podremos acumular grandes cantidades de energía suscitando emociones más positivas y adoptando una actitud más divertida, más entusiasta y más sensible respecto al mundo en el que vivimos y al modo en que reaccionamos ante él.

Este libro trata de ayudarle a conseguir que su energía funcione para usted de un modo más positivo y a asegurarse de que tiene suficiente. Cada uno tiene su propio motor, y las necesidades se ajustan y se equilibran de manera distinta en función de cada persona. Los expertos pueden ayudarnos a entender cómo se hace, pero la clave del éxito consiste en distinguir cuándo lo hemos hecho bien y cuándo no. Después de sintonizar con ese concepto podrá dedicar el resto de su tiempo a experimentar para averiguar qué le ayuda a desprender una energía positiva, dinámica y viva.

Sabemos que la energía es la correcta cuando nos sentimos:

- vitales y dinámicos
- positivos, optimistas y felices
- llenos de vida
- equilibrados y abiertos
- centrados y despejados.

EJERCICIO
ANTES DE IR AL BAÑO

LA EXPLICACIÓN

Antes de la invención del despertador, los nativos americanos utilizaban sus vejigas para levantarse a la hora deseada. Si querían madrugar, tomaban abundante agua por la noche; si no, bebían menos. Se trata de una idea sencilla pero muy eficaz, y el método se utilizó hasta bien entrado el siglo XX.

No hace mucho conocí a un hombre que utilizaba un método similar para asegurarse de tener energía durante todo el día y mantenerse en forma. Cada vez que la naturaleza le llamaba, hacía veinte flexiones. Me explicó que así obtenía dos grandes beneficios. En primer lugar, al hacer ejercicio de forma regular a lo largo del día, tenía más energía en el trabajo y, por tanto, siempre rendía al máximo. En segundo lugar, no tenía que dedicar su tiempo a ir al gimnasio y, sin embargo, estaba en plena forma.

El inglés actual medio pasa más de veinte horas al día sentado o tumbado. Un estudio reciente del Departamento de Salud afirma que solo el 6 % de los hombres y el 4 % de las mujeres siguen la recomendación de practicar treinta minutos de ejercicio moderado, cinco días por semana.

EL PLAN

APROVECHE EL DESPERTADOR DE LA NATURALEZA HACIENDO ALGO FÍSICO CADA VEZ QUE TENGA QUE IR AL BAÑO.

No es necesario que realice veinte flexiones; puede hacer la plancha durante sesenta segundos, unas sentadillas o una postura de yoga. Elija lo que le vaya mejor a su cuerpo y según el espacio del que disponga.

La clave consiste en realizar un ejercicio que le aporte energía. Si lo convierte en un hábito, no tardará en comprobar los beneficios. Por cierto: ¡no tiene que realizar el ejercicio en el cuarto de baño o cerca de él! Después de cada visita, busque un espacio que le resulte cómodo y realice un ejercicio durante un minuto. Se necesita cierto grado de valentía si el único espacio del que dispone es una oficina diáfana, pero le sorprenderá lo envidiosos que se muestran sus colegas cuando le vean haciendo sus veinte flexiones como si fuese lo que todo el mundo debería hacer.

LOS BENEFICIOS

Con la incorporación de estos sencillos y breves momentos de ejercicio físico notará que su energía se mantiene consistente a lo largo del día y que se siente más despierto.

A lo largo de la jornada, este hábito puede suponer una enorme diferencia en cuanto a lo vivo que se siente y al positivismo que aporta a la vida. Después de solo cuatro días con esta rutina, empezará a cosechar los beneficios de estar más en forma. Este estado incrementa la seguridad en uno mismo y la actitud positiva, fundamentales para mantenernos alejados de las Tierras Sombrías del piloto automático.

Dibuje la vida

Y CAPTE LA IDEA

LA EXPLICACIÓN

Resulta muy fácil perder el contacto con lo que nos sucede y lo que es más importante. A medida que cumplimos años parece que el tiempo se acelera, asumimos más y más responsabilidades y llegamos a sentir que no tenemos el control de nuestras vidas.

Cuantas más cosas hacemos, menos tiempo invertimos en cada actividad. Eso significa que cada vez nos cuesta más comprometernos en serio con cualquiera de esas actividades. Las microtareas resultan frustrantes porque parece que nunca se llegan a completar y nunca las celebramos, puesto que en cuanto terminamos una nos sumergimos en la siguiente. Podemos acabar convirtiéndonos en una especie de derviches giróvagos, sin apreciar realmente lo importante y sin tener en cuenta la diversión. Utilicé este ejercicio durante muchos años para conectar con mi equipo, y ahora lo utilizo con mi hijo cuando tenemos problemas para entendernos.

EL PLAN

ESTA SEMANA NECESITARÁ UN AMIGO, CUATRO FOLIOS Y UNOS ROTULADORES DE COLORES.

Tómese diez minutos para dibujar su vida en el último año. No existe una manera correcta o incorrecta de hacerlo. Vale cualquier cosa que le venga a la cabeza. No es necesario que sea un gran artista, ya que unos garabatos bastan para captar la esencia de su experiencia. Considero que los símbolos y los muñecos de palitos pueden transmitir mucho.

A continuación, en otro folio, dibuje cómo le gustaría estar el año que viene.

Tómese su tiempo, diviértase y sueñe un poco.

Pida a su amigo que haga lo mismo, de nuevo sin presión ni competencia. Disfruten.

Ahora llega la parte importante. Explique a su amigo su dibujo del pasado y después el del futuro, y escuche la explicación de los dibujos de su amigo. Pongan toda su atención y disfruten de la conexión mientras se escuchan generosamente y se conocen mejor.

LOS BENEFICIOS

Este sencillo ejercicio nos ayuda a ahorrarnos gran parte del ruido y las fantasías (*véase* Paseo y charla, pág. 64) con las que atascamos nuestras vidas, así como a prestar más atención a las áreas con mayor importancia emocional.

No existen garantías de que vaya a conseguir grandes avances, pero es muy posible que si practica este ejercicio varias veces con personas distintas, empezará a ver con mucha mayor claridad dónde se encuentra y hacia dónde quiere ir.

Para mí, los elementos más interesantes no tratan sobre logros, posesiones materiales o las casas en las que vivimos, sino la calidad de vida que reconocemos mediante este ejercicio. La mayoría de nosotros dibujamos cómo queremos ser y no qué queremos tener. Al centrarse en esos elementos descubrirá que toma más conciencia de quién quiere ser cada día y se sentirá impulsado a vivir según esa idea. Será fiel al alma única y especial que conforma su esencia y despertará a su ser.

QUÉ HA OCURRIDO EN LOS ÚLTIMOS
10 AÑOS

CÓMO ME GUSTARÍA QUE FUERA

EL AÑO PRÓXIMO

CONECTAR

Resulta muy sencillo vivir en este planeta pensando que estamos solos. Creemos que nuestras vidas son únicamente asunto nuestro, igual que las luchas y las dificultades por las que atravesamos.

Las prácticas espirituales pueden ayudarnos a enfrentarnos a los factores externos mediante la calma y el equilibrio que aportan a nuestras energías internas. De ese modo estaremos mejor equipados para la vida que llevamos. Cuando aprendemos a calmar la mente y a incrementar el flujo de energía, conectamos mejor con el mundo.

Conseguir esa conexión puede llevarnos años. No obstante, creo que existe un atajo para despertar si sintonizamos con las energías que nos rodean y que nos ayudan a cambiar nuestro nivel de conciencia. Sin duda, tenemos que conectar para conseguir que eso ocurra, pero es solo una parte del proceso de despertar. Cuando sintonizamos además de conectar, subimos un nivel.

Imagine que su cuerpo es un coche deportivo y su mente es el motor. Podríamos pasarnos años trasteando el motor para conseguir que supere a todos sus rivales, pero eso no sirve de nada si nunca sale a la pista.

Para realizar algunos pequeños ajustes es mucho mejor sacarlo a dar unas vueltas y ver cómo se comporta; a la vuelta dispondremos de más información que nos permitirá introducir los cambios necesarios para pasar al siguiente nivel.

Personalmente, prefiero salir a la pista en lugar de permanecer en el garaje. Las fuentes de energía están por todas partes, algunas de ellas en lugares sorprendentes. Es posible que descubra que puede sintonizar con lugares, momentos, personas, sonidos, perspectivas, obras de arte, literatura, comida, el mar, los animales, la familia, las plantas, usted mismo. Si averigua de qué «enchufes» dispone, descubrirá que siempre podrá despertar con solo darle al interruptor.

Mis sintonizadores más potentes son el mar, conectar con otras personas acerca de lo que realmente importa, estar rodeado de naturaleza, encontrarme en una ciudad con mucho ajetreo pero tomar distancia y empaparme de ella. Y la lista no acaba aquí.

Sabrá que algo le ayuda a conectar cuando:

- también le ayuda a sintonizar
- expande su percepción más allá de usted mismo y de su nivel de conciencia habitual
- le aporta un «chute» de energía positiva.
- se siente conectado con algo mucho más grande
- todo le parece posible y nada es un problema.

Cuanto más amplio sea nuestro repertorio, de más variedad dispondremos, y entonces podremos despertar siempre que nos apetezca.

LOS PRIMEROS DIEZ MINUTOS

FUERA

LA EXPLICACIÓN

Nuestros días están cada vez más llenos debido a las exigencias sobre nuestra atención y nuestros esfuerzos. Actualmente consumimos alrededor de cien mil palabras diarias procedentes de diferentes medios, lo que supone nada menos que un aumento del 350 % con respecto a lo que consumíamos en 1980.

Muchos de nosotros tenemos la sensación de que el tiempo se nos escapa debido a la velocidad con la que vivimos y al ritmo que nos impone nuestra sociedad, con innovaciones constantes. Los días se desdibujan en semanas, las semanas en meses. El filósofo romano Séneca lo resumió así hace dos mil años: «Estar en todas partes es no estar en ninguna».

Cuando empieza una nueva jornada, sabemos que tenemos muchas cosas que hacer y sentimos la tentación de hacerlo inmediatamente.

Si empezamos rápido, acabaremos rápido, agotados y embotados. Es muy probable que no hayamos sido conscientes de la presencia de los demás o de nosotros mismos durante ese día. Y es que vivir de manera frenética implica la pérdida de conexión con nosotros mismos y con el mundo en el que vivimos.

EL PLAN

Para reequilibrar esa velocidad, vamos a empezar poco a poco.

PASE LOS PRIMEROS DIEZ MINUTOS DEL DÍA FUERA DE CASA SIN DISTRACCIONES DIGITALES DE NINGÚN TIPO.

Si le es imposible salir, asómese a una ventana, respire un poco de aire fresco y contemple el mundo.

El lugar perfecto para esos diez minutos sería un parque o un jardín, pero cualquier espacio al aire libre le brindará lo necesario. Busque un lugar que le resulte cómodo, siéntese o permanezca de pie y permanezca así esos diez minutos, respirando profundamente mientras sonríe, observando y conectando con el mundo que le rodea.

La paz, el espacio y la vista del cielo nos ayudan a sintonizar con la energía del universo.

Durante estos diez minutos, es posible que note cómo le vienen algunos pensamientos a la cabeza. Déjelos pasar sin cuestionarlos. Lo más probable es que obtenga una perspectiva más clara sobre quién es y qué es importante para usted en este momento.

LOS BENEFICIOS

El momento de despertarnos posee un inmenso valor. Es cuando estamos más abiertos a conectar con nuestra esencia, con el planeta y con nuestros valores.

Si convierte este ejercicio en un hábito diario, descubrirá que esta conexión resulta mucho más fácil de mantener cuando las cosas se complican. Al convertirlo en un acto deliberado le resultará más fácil responder al mundo, no reaccionar a él. Resulta indudable que perderemos esa conexión, pero si nos tomamos un momento para respirar, sonreír y contemplar el cielo, nos resultará mucho más fácil recuperarla y nos ayudará a recordar lo maravillosa que es la vida.

REPARTA
AMOR

LA EXPLICACIÓN

Todas las personas de este planeta son maravillosas. Todos tenemos características que nos hacen únicos y especiales, pero perdemos el contacto con ellas y, en consecuencia, resulta muy fácil que perdamos nuestro brillo.

El cerebro está preparado para prestar más atención a lo negativo que a lo positivo. Sin embargo, muchas de las personas que nos rodean pueden ser una fuente de inspiración que nos levante el ánimo y nos ayude a vivir al máximo cada día. La conexión humana profunda no solo nos convierte en seres más felices, sino también más sanos. Y nos ayuda a vivir más años. La ausencia de esa conexión resulta más perjudicial para la salud que el tabaco y la obesidad. En resumen, la necesitamos. Daniel Kahneman, galardonado con un premio Nobel, descubrió que el cerebro recibe 20 000 entradas, o «momentos», cada día. La mayoría de esas entradas pueden clasificarse como negativas o positivas. La proporción mágica para la felicidad es de cinco momentos positivos por cada momento negativo. En una entrevista para *Today,* un hombre joven, feliz y con éxito hablaba de su difícil pasado y de sus dificultades en el colegio. ¿Qué cambió su viaje? Cuando una profesora le dijo, en primaria, que a ella le importaba y que creía en él. Ese momento puntual cambió su vida para siempre.

EL PLAN

HOY, CUÉNTELE A UNA PERSONA QUÉ ES LO QUE LE GUSTA DE ELLA.

Puede ser cualquier cosa. Todos tenemos personas en nuestras vidas que nos dan cosas especiales de maneras sorprendentes. Pueden ser las notas que le deja su pareja por toda la casa o en su bolso antes de ir a trabajar. Puede ser el conductor del autobús que siempre le pregunta cómo le va con una enorme y cálida sonrisa en su rostro. Puede ser el vecino que le hizo un favor sin pedírselo. Podría ser un amigo al que no ve desde hace más de diez años, pero que tiene la increíble habilidad de llamarle justo en el momento oportuno y escuchar con paciencia. Son los pequeños detalles los que cuentan y los que suman.

LOS BENEFICIOS

Con este sencillo acto obtendrá muchos beneficios. En primer lugar, programará su atención selectiva para percibir más cosas maravillosas de todas aquellas personas con las que entre en contacto. Si percibe más positivismo y más luminosidad, se sentirá más feliz, más conectado y más vivo.

Al compartir amor, también establecerá conexiones más profundas con las personas a las que aprecia. Y una conexión humana más profunda nos brinda el beneficio directo de ayudarnos a llevar una vida más satisfactoria y más feliz.

NO SE PREOCUPE POR LA ROPA

LA EXPLICACIÓN

Podemos llegar a obsesionarnos con nuestro aspecto y con la imagen que damos. Algunos de nosotros acabamos invirtiendo un total de un año de nuestra vida decidiendo qué nos ponemos cada día. He trabajado con personas que llevan la misma ropa cada día con independencia de su ocupación o de su estado de ánimo (y tengo amigos que también lo hacen). Antes me parecía un poco raro, pero he comprobado que cada vez más personas alaban las virtudes de este hábito.

Steve Jobs se inspiró en la ropa de trabajo de los japoneses para simplificar su armario. Barack Obama explicó en *Vanity Fair* que había optado por llevar únicamente «trajes grises o azules»: «Intento reducir las decisiones. No quiero tener que decidir qué como o qué me pongo porque tengo muchas otras decisiones que tomar». Se trata de un fenómeno moderno conocido como fatiga de decisiones.

Al eliminar una decisión básica de su existencia, esas personas disponen de más espacio para pensar en cosas más importantes.

EL PLAN

DURANTE LOS CUATRO PRÓXIMOS DÍAS LLEVARÁ LA MISMA ROPA.

Conviene que piense bien qué tipo de conjunto le va mejor y de qué piezas dispone para ir limpio todos los días. Cuando lo tenga decidido, no se desvíe del camino.

El tiempo que se ahorre preocupándose por su aspecto podrá dedicarlo a actividades placenteras. Alargue el desayuno y piense en la jornada que tiene por delante. Mantenga una buena conversación con sus seres queridos antes de que cada uno se dirija a cumplir con sus obligaciones. Dedique unos minutos a respirar y a centrarse, siempre con una gran sonrisa en los labios, sabiendo que el día solo puede ser fantástico.

LOS BENEFICIOS

Al eliminar esta decisión de nuestras vidas podríamos descubrir que nos sentimos un poco más cómodos con nosotros mismos y que disponemos de algo más de tiempo para pensar en lo que realmente importa.

A menos que se trate de una ocasión muy especial, creo que siempre deberíamos vestirnos para nosotros mismos y nadie más. Si nos sentimos bien con nosotros mismos, eso es lo que importa. Cuando nos cuesta mucho decidir qué nos ponemos, nos obsesionamos por la percepción que tendrán los demás de nosotros. ¡Es agotador! Vístase para usted y disfrútelo.

Por supuesto, al cabo de cuatro días puede cambiar de atuendo si es lo que le apetece. Si vestirse de manera variopinta forma parte de su personalidad, no tiene sentido que se contenga más.

Baje
EL RITMO

LA EXPLICACIÓN

La vida va cada vez más rápida. Nuestros sentidos se ven abrumados por el bombardeo constante de mensajes, y se acumulan las decisiones que nos vemos obligados a tomar.

Con el aumento de la conectividad que nos proporciona la tecnología, nuestras bandejas de entrada exigen nuestra atención mientras nuestros amigos cuelgan fotos de su último viaje a las islas Gili, y tampoco podemos perdérnoslas. Ocurren tantas cosas a la vez que el cerebro consciente es propenso a cerrarse en banda. De ese modo, el subconsciente puede filtrar todo ese ruido.

Mi buen amigo David Pearl y yo fundamos Street Wisdom hace unos años. El principio de Street Wisdom es que si nos encontramos en el estado adecuado, cualquier lugar puede ser una fuente de inspiración. Por tanto, no tenemos que ir a uno de esos destinos típicos de las listas de «cosas que hacer antes de morir», como el Machu Picchu, para avanzar de manera significativa. Cualquier calle puede mostrarle todas las respuestas que necesita, siempre y cuando esté conectado. Miles de personas de todo el mundo han experimentado los beneficios de Street Wisdom.

Para ayudar a las personas a conectar, uno de nuestros ejercicios de calentamiento consiste, simplemente, en bajar el ritmo. Cuando caminamos cinco veces más lento de lo normal, ocurre algo asombroso. Empezamos a percibir el mundo que nos rodea y nuestro propio mundo interior. Se debe a que cuando bajamos el ritmo ganamos en sensibilidad.

EL PLAN

HOY, CUANDO TENGA QUE IR CAMINANDO A ALGÚN SITIO, RESÉRVESE ALGO MÁS DE TIEMPO PARA PODER IR MUCHO MÁS DESPACIO Y EMPÁPESE DE LA EXPERIENCIA.

La mayoría de nosotros sentimos la tentación de ir un poco más despacio, pero lo cierto es que tenemos que ir muchísimo más despacio. Para llevar las cosas al límite, pruebe a ir lo más lento que pueda y perciba qué ocurre. Respirar profundamente varias veces para apaciguar el cerebro también le ayudará a apaciguar el cuerpo.

Si alguien le mira con cara de sorpresa, dedíquele una sonrisa. Preste atención a las personas que normalmente ignora; al bajar el ritmo, descubrirá que surgen conexiones inesperadas. En palabras del superhéroe Bucky, «No hay nada en una oruga que sugiera que será una mariposa», hasta que bajas el ritmo y lo percibes. Con Street Wisdom hemos vivido los encuentros más inesperados cuando aparecen personas casi de la nada para decirnos algo que necesitamos saber. Cuando bajamos el ritmo, conectamos más con nosotros mismos y transmitimos una energía más intensa y atractiva. Estamos rodeados de personas sensibles; notarán nuestro estado y, en muchos casos, se acercarán a nosotros para participar en el experimento. Las mariposas están por todas partes. Una idea preciosa, ¿verdad?

LOS BENEFICIOS

Solo con bajar el ritmo percibirá mucho más el mundo y, por tanto, estará más despierto. Muchas personas a las que les cuesta meditar debido al ruido de su mente encuentran paz rápidamente con solo caminar despacio, acompañando el movimiento de una respiración abdominal profunda, sonriendo y percibiendo lo que merece la pena.

Basta un paseo lento cada día para tomar más conciencia de quién es en un mundo que se mueve a gran velocidad. El hecho de entender mejor cómo interactúa con el mundo le ayudará a no dejarse llevar por la oleada incontrolada de actividad y avanzar a su propio ritmo.

PASEE POR EL BOSQUE

LA EXPLICACIÓN

Investigadores japoneses han demostrado los beneficios médicos del *shinrin-yoku*, o baño de bosque. Un estudio demuestra que reduce el estrés, la ansiedad y la depresión. Por tanto, resulta beneficioso contra las enfermedades psicosociales relacionadas con el estrés, además de reducir la presión sanguínea y favorecer el funcionamiento del sistema inmunológico.

Otro estudio demuestra que incrementa las células NK del cuerpo, un componente del sistema inmunológico que lucha contra el cáncer. El aumento de los niveles se mantiene durante una semana después de un día en el bosque, o durante un mes después de un baño de bosque de tres días. Me encanta.

Todos sabemos lo agradable que resulta adentrarse en el bosque, respirar el aire cargado de aceites aromáticos y empaparnos de la energía que nos rodea. Sin duda alguna, un bosque es un lugar mágico. No es necesario sumergirnos durante semanas en un bosque antiguo para sentir la influencia positiva de la naturaleza. Todos los árboles poseen la facultad de ayudarnos a reconectar con nosotros mismos y con el mundo que nos rodea.

EL PLAN

LOCALICE UNOS ÁRBOLES Y CAMINE ENTRE ELLOS.

Cuantos más árboles, mejor; cuanto más antiguos, mejor; cuanto menos contaminado el lugar, mejor, pero sirve cualquier árbol. En Japón existen cuarenta y cuatro bosques acreditados para la práctica del *shinrin-yoku*, pero estoy seguro de que cerca de usted existe algún lugar con todos los beneficios aunque no posea el sello oficial. Incluso en los lugares más poblados hay árboles más o menos cerca; localícelos y acérquese a ellos.

Cuando se encuentre junto a los árboles, llene sus pulmones respirando muy profundamente. Perciba lo relajante que resulta. Si acostumbra a abrazar árboles, ahora es el momento de ponerse manos a la obra y rodear los troncos con los brazos mientras inspira el aroma de la corteza y se sumerge en su aura. Si no tiene esa costumbre, ame los árboles por lo que son: increíbles ecosistemas vivos. Pasee entre ellos, y cuando localice un lugar agradable, siéntese apoyando la espalda en un tronco y respire.

NO ES NECESARIO SALIR AL CAMPO PARA ENCONTRAR ÁRBOLES MARAVILLOSOS; ALGUNOS DE LOS MEJORES ESPECÍMENES VIVEN EN NUESTRAS CIUDADES.

LOS BENEFICIOS

Si algo me preocupa o si noto que estoy descentrado, me recupero con un paseo por el bosque. No es tan fácil obsesionarse con el mundo moderno cuando nos rodeamos del antiguo. Hay algo realmente primitivo en los bosques, ya que nuestro planeta estuvo una vez cubierto de árboles. Cuando estamos rodeados de árboles, afianzamos nuestra energía al tiempo que nos sentimos conectados con algo más grande que nosotros mismos. Los árboles actúan como un pararrayos que nos conecta con el mundo.

Hágase amigo de los árboles y notará que se siente despierto con más frecuencia. Recuerde que algunos de los especímenes más maravillosos viven en nuestras ciudades. Dedíqueles un poco de amor.

ESCUCHE A SU CUERPO

Hace siglos, la gente estaba más conectada con su cuerpo. Lo escuchaban más, y a través de él sabían si el tiempo iba a cambiar, si faltaba algo en su dieta o si había llegado el momento de dejar de trabajar.

En la actualidad, pocos de nosotros nos ganamos la vida a través de trabajos físicos, y todavía menos necesitamos nuestras cualidades físicas como herramienta indispensable para la supervivencia, puesto que disponemos de casas cálidas con agua corriente fría y caliente. Así, hemos acabado dominados por la energía mental, pero podríamos aprender muchas cosas si escuchásemos más a nuestro cuerpo.

Cuando estamos conectados con nuestro cuerpo y existe un equilibrio entre nuestra mente consciente y nuestro subconsciente, escuchar al cuerpo nos ayudará a entender nuestros procesos y nuestra conectividad más profunda con el universo. La intuición trata precisamente de eso. Es algo que sentimos en el cuerpo a un nivel energético y que convertimos en conocimiento. Si escucha a su intuición con más atención, le resultará más fácil despertar.

Cuando algo va mal y cae enfermo, la dolencia física siempre tiene una conexión con algo más de su sistema energético que también está sufriendo un desequilibrio. Si conecta y pregunta a su cuerpo qué le quiere transmitir, es posible que descubra que tiene que solucionar algo en su vida que provoca la enfermedad. Por ejemplo, cuando estamos estresados en el trabajo somos más propensos a los resfriados. Otras manifestaciones pueden ser más graves.

En una ocasión trabajé con una persona que sufría de un dolor persistente y preocupante en el cuello. No lograba eliminarlo con fisioterapia, masajes ni osteopatía. Estuvimos pensando cuál podría ser la raíz del problema, y llegamos a la conclusión de que estaba enfadada porque sus clientes no le daban más trabajo (hasta el punto de que sentía un verdadero resentimiento hacia ellos).

Cuando abordamos ese sentimiento y la ayudamos a dar un giro a sus ideas y a sentir amor en su interior, el dolor desapareció para siempre. El problema de su cuello no era físico; sus ideas eran las que provocaban el problema.

Cuando abordamos los campos de nuestra vida que sufren un desequilibrio, muchas de las enfermedades que nos aquejan desaparecen.

Escuche a su cuerpo y aprenda. Despertará a un nivel de conciencia distinto.

SIGA SU

RELOJ BIOLÓGICO

LA EXPLICACIÓN

Nuestros días están gobernados por el tiempo. Nos levantamos a una determinada hora para poder ducharnos, vestirnos, desayunar y llegar a tiempo a donde tengamos que ir.

Dado que tenemos el tiempo estructurado, muchas veces nos olvidamos de decidir cómo pasamos nuestros días.

Cuando escribo, me aseguro de que no tengo nada más que hacer, de que estoy solo y de que no tengo responsabilidades hacia otras personas. Desconecto del mundo exterior. Después, sigo el ritmo que me va mejor. Mi patrón en este caso es muy distinto al que sigo con mi rutina laboral habitual. Me levanto muy temprano y me pongo a escribir inmediatamente. A la hora de comer decido que he hecho lo que he podido e invierto las tardes en alguna actividad física para compensar la creatividad de la mañana. Me voy a la cama ridículamente temprano, agotado pero feliz, y repaso el día mentalmente. Para mí es un ritmo natural, con el que mejor trabajo.

EL PLAN

ESTA SEMANA, SINTONICE CON SU RELOJ BIOLÓGICO Y PREGÚNTELE QUÉ DEBERÍA HACER PARA APROVECHAR MEJOR SU TIEMPO.

Entiendo que algunas exigencias a las que nos vemos sometidos son menos flexibles que otras. Por tanto, debemos tener en cuenta trabajos, colegios, familias, etcétera para llevar a cabo este experimento en un momento en que dispongamos de cierta flexibilidad (por ejemplo, en vacaciones o los fines de semana).

Cuando disponga del espacio necesario, perciba cómo funciona en diferentes momentos del día y en distintas actividades. Coma cuando tenga hambre y tome únicamente lo que le proporcione la energía necesaria para ese momento. Duerma cuando tenga sueño. Haga ejercicio cuando lo necesite. Es posible que note que sus necesidades cambian con las estaciones y en función de las distintas actividades que ocupan su vida. Se necesitan algunos días para coger el ritmo; déjese llevar hasta que todo encaje.

LOS BENEFICIOS

Nuestro estilo de vida no es precisamente el más natural. La semana laboral de cinco días es un invento reciente. Dormir solo por la noche también es un hábito relativamente nuevo si repasamos la historia. Si desafiamos algunas de esas costumbres, podríamos encontrar un ritmo más adecuado para nosotros.

Por lo general, el piloto automático toma las riendas cuando no estamos conectados. Se debe a que luchamos contra nuestros sistemas energéticos. Cuando funcionamos más en consonancia con el reloj biológico, nos resulta mucho más sencillo conectar y, por tanto, despertar.

Aunque no siempre podemos dictar los tiempos, si conectamos para funcionar mejor podremos planificar nuestros días de manera más consciente y, por tanto, tendremos más posibilidades de estar despiertos con mayor frecuencia.

PRUEBE A REALIZAR ESTE EXPERIMENTO LOS FINES DE SEMANA O EN VACACIONES SI NO DISPONE DE MUCHA FLEXIBILIDAD EN EL DÍA A DÍA.

VIVA CON SOLO 6,50 euros al día

LA EXPLICACIÓN

Si está leyendo este libro, es muy posible que disfrute de una estabilidad económica muy superior a la de gran parte del mundo. Si está interesado en despertar su conciencia para mejorar su vida, es poco probable que encontrar alimento, agua y un techo sea un problema acuciante para usted.

En ocasiones nos resulta muy sencillo desconectar de algunas de las elecciones más importantes y difíciles a las que se enfrentan otras personas a diario. Tenemos la suerte de no vernos obligados a ello. Todos conocemos las estadísticas que se mencionan hasta la saciedad: el 1 % de la población mundial posee el 50 % de la riqueza; el 95 % gana menos de 20 000 euros al año. Hasta la mitad de los alimentos que producimos se pierde o se desaprovecha. Una cuarta parte de esa cantidad sería suficiente para alimentar a 870 millones de personas que pasan hambre. Sabemos que las cosas van muy mal en muchos puntos del planeta, pero ¿somos realmente capaces de apreciar lo acomodados que estamos?

Cuando 6,50 euros es el presupuesto diario, hay que pensar muy bien qué se come y se bebe, qué compras son absolutamente necesarias y cuáles no, y qué se considera un auténtico lujo frente a una necesidad.

EL PLAN

HOY VAMOS A PASAR EL DÍA CON 6,50 EUROS.

Está claro que sería imposible incluir la hipoteca o el alquiler, la electricidad, el transporte, etcétera, en esta cifra, pero esto es lo que va a gastar para sobrevivir.

Incluye la alimentación, el ocio, la higiene, todo. Tendrá que planificarlo, pero le ayudará a conectar de verdad con lo que realmente importa. Por ejemplo, puede ir caminando a una reunión en lugar de hacerlo en coche o en transporte público. Si prepara la comida en cantidades más grandes para congelarla también ahorrará dinero; pasar su tiempo de ocio en casa será más barato que salir a cenar por ahí. ¿Cómo puede estirar ese dinero?

A algunas personas no les cuesta demasiado porque se trata de un solo día. Si es su caso, realice el experimento durante una semana.

LOS BENEFICIOS

Aunque 6,50 euros al día puede parecer poco, para otras personas representa una fortuna. Limitar las oportunidades de gastar imponiéndonos un presupuesto fijo significa que tenemos que entender de verdad qué es importante y qué no. Entenderemos el valor de lo que ya tenemos.

La mayor parte del tiempo estamos protegidos frente a las decisiones difíciles porque sabemos que no son importantes para nosotros gracias a la abundancia de opciones. Cuando estas opciones son limitadas y resulta más difícil decidir, no tenemos más opción que tomar conciencia de quiénes somos y cómo vivimos. Aunque puede suponer un despertar incómodo para algunas personas, también puede ser una experiencia maravillosamente liberadora.

HAY PERSONAS
QUE TIENEN
DINERO...

... Y PERSONAS
QUE SON
RICAS.

Coco Chanel

ESCRIBA UNA CANCIÓN

LA EXPLICACIÓN

Los desafíos creativos que nos resultan desconocidos nos obligan a involucrarnos de una manera especial. Si siempre hacemos lo mismo, el piloto automático tendrá el control. Si, en cambio, introducimos un cambio radical y nos obligamos a expresarnos, será inevitable que despertemos.

Escribir algo sin restricciones y sin normas, profundamente personal, nos ayuda a entrar en un nivel distinto de concentración y presencia. Los mejores artistas, músicos o bailarines poseen la capacidad de entrar en un espacio que les aporta una concentración profunda y un estado altamente sensible frente al entumecimiento del piloto automático.

EL PLAN

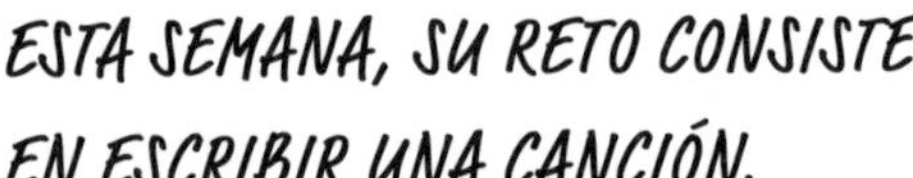

Todos somos creativos por naturaleza, y creo que todos llevamos dentro canciones maravillosas. Mi hijo, Harvey, escribe canciones constantemente. Tiene diez años y todavía no ha aprendido que debería costarnos mucho esfuerzo o dejarlo en manos de los que tienen talento. No es necesario tener oído musical para escribir una canción; lo único que se necesita es canturrear una melodía y ponerle algunas palabras. Puede empezar con un ritmo, con la letra o con un estribillo corto. Se trata de un juego, no de la declaración de la renta.

Tengo un amigo que se dedica a escribir canciones, y siempre empieza con una idea sencilla. En ocasiones, cuando llega al final, ese punto inicial se ha descartado, pero no importa: le ha servido para ponerse en marcha. Algunas canciones no funcionan, parecen cómicas, pero otras tendrán un toque de genialidad y le llenarán el alma cuando las cante. Si le apetece, grabe la suya con el teléfono o, todavía mejor, cántesela a un ser querido.

LOS BENEFICIOS

Los actos creativos son tan necesarios para la humanidad como la comida y el agua. Nuestra creatividad se ve reprimida en muchos casos, pero nunca desaparece. Cuando nos divertimos siendo creativos en un proyecto sin ninguna presión, nos damos cuenta de lo brillante que puede ser ese toque de creatividad (y también que a veces nos falla).

La experimentación es el combustible de la vida. Probar cosas nuevas y ver cómo funcionan es algo que deberíamos hacer todos los días en lugar de dedicarnos a lo que sabemos que es seguro. Los experimentos con nuestro lado creativo nos mantienen despiertos y hacen que la vida sea espectacular.

SI LO DESEA, EMPIECE A ESCRIBIR SU CANCIÓN AQUÍ

LEVÁNTESE

LA EXPLICACIÓN

Hace cien años, solo el 10 % de la población tenía trabajos sedentarios.

Hoy es el 90 % de la población, algo que supone un problema para nuestra salud y nuestra energía. Este año morirán más personas a causa de enfermedades provocadas por la falta de movimiento que por el tabaquismo.

Cuando nos movemos poco, el piloto automático toma el control, ya que en el sedentarismo es donde se siente más cómodo el cerebro subconsciente. Si quiere despertar, ¡muévase!

EL PLAN

ESTA SEMANA, MIENTRAS TRABAJA (YA SEA EN UNA OFICINA O EN CASA), PASE TODO EL TIEMPO QUE PUEDA DE PIE.

Estoy de pie mientras escribo esto, y me parece beneficioso para mi nivel de energía y mi concentración. En mi empresa, Upping Your Elvis, celebramos reuniones mientras paseamos al aire libre. Resultan mucho más productivas y divertidas; además, vemos ardillas.

Algunas personas consideran que los *smart watches* que controlan el movimiento ofrecen una gran solución para asegurarse de no pasar demasiado tiempo sin moverse. Si es su caso, estupendo. Haga lo que sea necesario para moverse un poco en lugar de desplomarse sobre el escritorio.

LOS BENEFICIOS

El movimiento en períodos breves pero regulares nos ayuda a mantener el cerebro consciente en funcionamiento. Todos procesamos la información de manera cinestésica y, por tanto, pensamos mejor cuando el cuerpo está equilibrado. En mi oficina tengo una mesa para trabajar de pie. Nunca más me sentaré para pensar. Entre los beneficios de estar de pie figura la reducción de los niveles de fatiga, tensión, confusión y depresión, y el aumento del vigor, la energía, la concentración y la felicidad. Así, de pie, le resultará mucho más sencillo permanecer despierto durante gran parte del día.

DIGA SÍ

LA EXPLICACIÓN

A medida que pasa el tiempo empezamos a crear un mapa interior de lo que está mal y lo que está bien, de lo que nos ayuda y de lo que nos sobra. Ese mapa reside en el subconsciente y ayuda al piloto automático a guiarnos entre la multitud de decisiones diarias que debemos tomar. Se trata de un elemento eficaz de nuestro diseño, porque significa que no tenemos que decidir cada pequeña cosa que hacemos a diario; basta con repetir lo que ya hemos hecho antes.

El peligro de este proceso radica en que llegamos a desarrollar hábitos hasta el punto de que ni siquiera nos damos cuenta de las maravillosas oportunidades que nos ofrece el día a día, ya que estamos cegados por el mapa de ayer. En mi adolescencia me inspiró el libro *El hombre de los dados,* de Luke Rhinehart (seudónimo de George Cockcroft). El libro describe a un personaje que toma todas sus decisiones tirando unos dados. Al eliminar la necesidad de tomar decisiones, experimenta una profunda transformación y se siente más vivo. Es cierto que se trata de una solución extrema y de una obra de ficción poco práctica, pero la idea es buena.

EL PLAN

DURANTE ESTA SEMANA, DIGA «SÍ» CADA DÍA A ALGO A LO QUE NORMALMENTE DIRÍA «NO».

Puede ser algo tan sencillo como salir a comer con compañeros de trabajo con los que normalmente no se junta. O entrar en el cine (en lugar de pasar de largo, como hace siempre), comprar unas palomitas y disfrutar de la película. En ocasiones, la mirada triste del niño que se enfrenta a sus deberes de matemáticas a las siete de la tarde, después de un largo día, es la invitación perfecta que debemos aceptar.

Personalmente creo que las mejores cosas a las que decir «sí» son aquellas que me provocan una reacción intensa. La reacción puede ser de entusiasmo, sorpresa, nerviosismo o incluso rebelión; no importa, siempre y cuando nos despierte.

LOS BENEFICIOS

Todos los días nos rodean oportunidades que no vemos. Al decir «sí» en lugar de «no», nos abrimos a nuevos caminos de vida y, por tanto, tenemos que estar más conscientes, atentos y despiertos para enfrentarnos a ellos.

Siempre resulta más fácil decir «no» que «sí». El sí requiere una actitud abierta y generosidad; el no mantiene las cosas tal como están. El sí implica riesgos, al contrario que el no. El sí exige un esfuerzo; el no, ninguno. Un poco más de síes al día podría ser lo que necesitamos para despertar y reconectar con este mundo de posibilidades. ¿Quién sabe qué podemos encontrarnos?

Véase también Diga no, pág. 216.

SIÉNTALO
DE VERDAD,
exteriorice sus
sentimientos
como
Elvis

LA EXPLICACIÓN

La emoción en el lugar de trabajo no está bien vista porque lo que impera es la postura «seamos profesionales». Parece que piensen que ser sensible es una debilidad y que las personas débiles no ganan. Menuda tontería.

Las emociones enriquecen nuestra existencia. Nos ayudan a entender lo que ocurre en nuestro mundo y cómo interactuamos con las personas que nos rodean. La reciente moda de reprimir las emociones para dar la impresión de que las controlamos ha pasado factura a muchas personas. Cada vez que reprimimos algo, estamos creando un pequeño campo minado para el futuro que podría explotar en cualquier momento, cuando menos lo esperemos.

Durante un taller celebrado en mi casa, no hace mucho tiempo, se desató un incendio en una habitación de la planta baja. Cuando me di cuenta, había alcanzado una intensidad considerable. Fue una de las cosas más aterradoras que he visto en mi vida. Por suerte, teníamos un extintor grande en otra habitación y pude sofocar las llamas. Cuando llegaron los bomberos, acabaron de extinguir el incendio y yo continué con el taller como si nada hubiese ocurrido. Mi mujer estaba fuera aquella semana; cuando llegó a casa, cuatro días después, yo ya había acabado el programa. Nos sentamos y charlamos sobre la semana. De repente, me emocioné y me eché a llorar y a temblar. Había reprimido la angustia y el miedo que había experimentado durante el incendio, y hasta que mi mujer regresó a casa no me sentí lo suficientemente seguro para dejarlos salir.

Las emociones que no se abordan acabarán regresando para perseguirnos físicamente, mentalmente, emocionalmente y espiritualmente. Por lo tanto, vamos a dejar que salgan y a amar cada segundo de esa experiencia.

No te disculpes por llorar. Sin esa emoción solo somos robots.

Elizabeth Gilbert, *Come, reza, ama*

EL PLAN

Esta semana, cuando note que siente una emoción intensa (es decir, que llame su atención), en lugar de ocultarla y pasar de largo, implíquese realmente en ella.

Busque un espacio en el que se sienta cómodo, cierre los ojos y respire profundamente. Sienta la emoción. Si es un sentimiento feliz, lo más probable es que sonría de forma natural. Si se trata de una emoción triste y conecta con ella, lo más natural es que derrame algunas lágrimas. Una buena llorera nos beneficia y no es motivo para avergonzarse.

Haga lo que necesite para expresar la emoción y perciba cómo se siente después.

Aviso importante: esta es una advertencia relacionada con la salud. Si está en compañía de otras personas, recuerde que no siempre recibirán bien sus manifestaciones emocionales (si son personas que se sienten incómodas expresando sus propias emociones).

Ría (o llore) en soledad hasta que considere que domina la técnica; después podrá empezar a disfrutar de sus emociones en compañía.

LOS BENEFICIOS

Si nos enfrentamos a las emociones cuando surgen, estaremos mucho más conectados con nosotros mismos y con lo que ocurre a nuestro alrededor. Una emoción positiva que se acepta en su totalidad gana en intensidad. Una emoción negativa que se experimenta en toda su extensión acaba desapareciendo y dejándonos una sensación de libertad. El hecho de sentir esas emociones sinceramente también le calmará mentalmente, lo que le ayudará a estar presente y más despierto. Expresad vuestras emociones y *¡Despertad!*

UNAS PEQUEÑAS VACACIONES DEL PAN Y LOS LÁCTEOS

LA EXPLICACIÓN

En la dieta occidental existen algunos alimentos básicos que nadie cuestiona. El pan y los lácteos son dos de los más comunes. El 90 % de los hogares europeos y americanos los compran todas las semanas y los consumen a diario.

La leche de vaca es para alimentar a los terneros. Las vacas poseen un sistema digestivo muy distinto al nuestro. A nuestro cuerpo le cuesta mucho digerir los productos lácteos. Los compramos en parte porque la publicidad y el mercado nos han hecho creer que representan el modo más sencillo de obtener calcio, esencial para la salud de los huesos y los dientes. Lo cierto es que productos vegetales como el brócoli, las acelgas, el repollo, las almendras y los higos realizan esa función mucho mejor. El pan posee una historia similar: la industria está hoy muy lejos de sus sencillos orígenes, cuando se consumía pan elaborado a mano con harina integral, agua y sal. Ese sería el producto que nos proporcionaría el alimento y la nutrición que el cuerpo necesita. No estoy diciendo que tengamos que eliminar para siempre el pan y los lácteos, pero el abuso ejerce un impacto negativo en nuestro estado energético.

ELIMINE LOS LÁCTEOS Y EL PAN DE SU DIETA DURANTE CUATRO DÍAS. ASÍ DE SENCILLO.

Nada de bocadillos, ni capuchinos, ni *focaccias,* ni pizzas, ni yogures ni tostadas. Bueno, ya conoce la lista. Durante cuatro días están eliminados de su menú.

A algunas personas les parecerá una prueba muy dura, pero prometo que no lo es. Sí que requiere cierto esfuerzo, pero existen numerosas alternativas nutritivas que no implican estos grupos de alimentos. Yo tomo muchas más verduras frescas y ensaladas de frutas. El arroz y los fideos resultan especialmente recomendables cuando el hambre aprieta. Las sopas y los guisos son más reconfortantes que cualquier bocadillo. Merece la pena llevar encima unos frutos secos y semillas; cuando se sienta un poco débil, le ayudarán a recuperarse hasta la hora de comer.

LOS BENEFICIOS

Cuando hice este experimento por primera vez, me sorprendió la cantidad de pan y lácteos que tomaba; ni siquiera era consciente de ello. Me resultó especialmente difícil viajar por Europa sin probar el pan, sobre todo en países como Italia y Francia, donde las comidas improvisadas siempre van acompañadas de mucho pan.

Noté que tenía más energía y que me sentía más conectado con mi cuerpo. Desde entonces tomo menos pan, una vez por semana más o menos, pero cuando lo hago elijo pan de espelta de masa madre y evito el pan producido en masa. En el caso de los lácteos, la leche no me sienta bien, pero un poco de queso apestoso de vez en cuando me levanta tanto el ánimo que al cuerpo no le importa que lo tome.

Pruebe y vea qué aprende sobre su cuerpo.

SEA

OTRA

PERSONA

LA EXPLICACIÓN

Nos convertimos en aquello que creemos que somos. Todas las experiencias enriquecedoras de la vida son como pequeñas perlas de conocimiento capaces de dar estructura a quienes somos.

El modo en que interpretemos esas perlas dará forma a cómo nos vemos a nosotros mismos y a nuestra identidad. A menos que se pase gran parte de la vida averiguando qué opinan de usted las personas que le rodean, es imposible que perciba realmente quién es. Y aunque tuviese esas opiniones, serían subjetivas.

Nadie posee una identidad totalmente fija. Somos como camaleones humanos, expertos en modificar nuestra conducta en función de las circunstancias con las que nos vamos encontrando. Si sumamos esta característica al hecho de que evolucionamos constantemente a medida que vivimos, crecemos y experimentamos con nuestra personalidad, resulta muy sencillo creer que somos alguien que en realidad no somos. Así, dado que somos tan flexibles como la gelatina, ¿por qué no probamos a llevar al límite a la persona que creemos que somos?

HOY SEA OTRA PERSONA.

Piense con detenimiento quién le gustaría ser. Los mejores personajes son aquellos que nos aportan algo. Tal vez le gustaría ser algo más travieso, o más dramático, o más extravagante, o simplemente un poco más «me importa todo un bledo». Lo que importa es que la experiencia le estimule.

Podría ser un personaje inventado, o de una película, de un libro, o alguien de su pasado.

Imagine la vida de esa otra persona, sus reacciones ante el mundo, mientras construye mentalmente algunos escenarios. ¿Cómo se comportaría? ¿Qué ropa llevaría? ¿Qué le gustaría comer y beber? ¿Cuáles son sus expresiones favoritas? Póngase en su piel como preparación para salir a escena.

Es muy posible que le cueste mantener el papel durante mucho tiempo, en cuyo caso debería buscar un momento concreto del día para convertirse en esa persona (por ejemplo, de camino al trabajo, cuando vaya a hacer la compra o durante la comida). Si su personaje encaja bien, prolónguelo y vea qué ocurre.

LOS BENEFICIOS

Nuestras personalidades no son fijas. Somos flexibles y, a pesar de todo, en muchas ocasiones nos sentimos atrapados.

Al jugar con diferentes personalidades, podríamos descubrir que existen aspectos de nosotros a los que restamos importancia, y que a consecuencia de ello hemos perdido parte de nuestro brillo. Si destacamos esos aspectos y los celebramos, nos sentiremos más vivos y despertaremos a quienes somos realmente.

Resulta difícil tomarnos demasiado en serio cuando representamos una especie de espectáculo. Vamos a disfrutar de nuestra flexibilidad y a aportar un poco más de personalidad a todo lo que hacemos.

Diario

LA EXPLICACIÓN

Cuando vivimos a un ritmo tan rápido, no tenemos tiempo para pensar. A través de la reflexión damos sentido a nuestras experiencias. Sin tiempo y espacio para ello, las percepciones se distorsionan y la conexión que sentimos con nuestra propia vida puede llegar a desdibujarse.

Cuando escribimos, eliminamos parte del ruido que existe en nuestra cabeza, el cerebro baja el ritmo y cambiamos la relación con las cosas sobre las que escribimos. Cuando escribimos en un papel, nuestra perspectiva sobre las cosas es distinta a cuando están en nuestra cabeza, nadando como pececillos de colores. Esta disociación puede darnos más poder sobre nuestro pensamiento que cualquier otro método.

EL PLAN

ESTA SEMANA, DEDIQUE UNOS MINUTOS CADA DÍA, POR LA MAÑANA, A ESCRIBIR EN SU DIARIO.

El mejor momento es nada más levantarse, ya que la mente está más despejada y, por tanto, más creativa. Empiece a escribir sin más, no se preocupe por la gramática ni por la sintaxis. Lo único que necesita es papel y un bolígrafo, y un lugar acogedor, tranquilo y adecuado para pensar un poco. La cama es un lugar cómodo, y todavía mejor si la noche anterior prepara el boli y el papel para tenerlos a mano y empezar a escribir en cuanto se despierte. Cierre los ojos, respire profundamente para sentirse presente, y empiece a escribir lo que se le pase por la cabeza.

No corrija, déjese llevar. Es posible que algunas de las cosas que escriba no tengan ningún sentido, otras podrían no ser ciertas, y algunas tal vez le parezcan tonterías. No se preocupe y no deje de escribir.

Cuando lleve unos diez minutos escribiendo, haga una pausa. Lea lo escrito si lo desea, pero si lo hace, evite todo juicio sobre la calidad. No pretendemos escribir como Proust. Limítese a reflexionar sobre lo que acaba de crear.

LOS BENEFICIOS

Al buscarse un momento personal para conectar con lo que le ocurre en este maravilloso mundo, y al darse la oportunidad de expresarse sin críticas, descubrirá que se siente más despejado, más sólido y más peligroso. Digo «peligroso» porque la mayor parte del tiempo somos como una hoguera perfectamente preparada pero que todavía está por encender. Es posible que tenga un aspecto estupendo y un potencial maravilloso, pero no sirve de nada. La claridad aporta agudeza, y la agudeza nos ayuda a brillar mucho más.

Mediante la introspección obtendrá la chispa que necesita para encender la hoguera todos los días. Le garantiza que centrará su tiempo y su atención en lo que importa, y no solo en lo más acuciante. Además, cuando escuche a su subconsciente y sus flujos creativos le resultará más fácil pensar en maneras nuevas e innovadoras de explorar todos los aspectos de su vida.

RECUPERE
TIEMPO

LA EXPLICACIÓN

Muchos de mis clientes dan la impresión de que no controlan su propio tiempo. En gran parte se debe a las agendas compartidas, o al mal uso de estas.

Si no controla su tiempo, no controla su vida, y entonces resulta muy sencillo desconectar y vivir en piloto automático mientras va de una reunión a otra sin llegar a responsabilizarse realmente de nada. Se trata de una manera cómoda de dejar pasar los días, pero no es precisamente el billete hacia un estado despierto y una vida extraordinaria.

CADA DÍA DE ESTA SEMANA VA A RECUPERAR TIEMPO DE SU AGENDA.

Esto puede significar que tenga que cancelar reuniones o crear nuevas que en realidad no van a producirse. Puede pedir a algún amigo que recoja a los niños. O decidir que esta semana no es necesario que la casa esté impoluta y que la limpieza de los jueves se puede posponer un poco. A lo mejor, antes de esa cena de empresa se siente un poco griposo y decide que es mejor que no vaya para no esparcir los gérmenes.

Utilice su creatividad y busque algunos espacios para disfrutar.

La clave para que este experimento funcione consiste en asegurarse de llenar esos espacios únicamente con cosas que le satisfagan. Puede hacer lo que quiera en esos espacios, siempre y cuando alimente su alma o le ayude a conectar más consigo mismo y con el mundo. No tiene sentido robar algo de tiempo si lo tiene que recuperar. Guárdelo, hágalo suyo y disfrute de la libertad y el espacio que le ofrece.

LOS BENEFICIOS

Cuanto actuamos de manera más consciente para decidir en qué invertimos nuestro tiempo, creamos el espacio necesario para pasar del piloto automático a un estado más despierto. Si practica este ejercicio durante una semana se dará cuenta de hasta qué punto su tiempo se ocupa de manera automática y de cuánto ha perdido debido a esa manera de proceder.

Sea implacable con sus compromisos, y cuando se conceda ese tiempo, hágalo con generosidad, con toda su atención. Descubrirá que empieza a despertar más y más cada día.

PIÉRDASE EN LA MÚSICA

En la década de 1990, un psicólogo llamado Alf Gabrielsson recopiló testimonios sobre «experiencias intensas relacionadas con la música». Este es uno de ellos:

Me sentí invadido por una intensa calidez, por calor real. Engullí todas las notas que sonaban; ni una sola nota, efecto o secuencia dejó de entrar en mis oídos hambrientos... Me cautivó cada uno de los instrumentos y lo que me ofrecía. ¡No existía nada más! Bailé, di vueltas, y me entregué de verdad a la música y a los ritmos, feliz, riendo. Se me llenaron los ojos de lágrimas, por extraño que parezca... Antes me encontraba en un estado lamentable. Deprimido. Era el momento más difícil de mi vida. Me costaba relacionarme y tenía que esforzarme mucho para entender las cosas. Después, me sentí vivo, sin poder parar de reír, entusiasmado y lleno de una profunda alegría. Fue tan intenso que casi lo viví como una salvación.

Una experiencia poderosa.

DÉJESE LLEVAR

POR LA MÚSICA

LA EXPLICACIÓN

La música ejerce una poderosa influencia en nuestro estado de ánimo. Puede sincronizar nuestros ritmos cerebrales y, por tanto, influir de manera directa en nuestras emociones. Cuando escuchamos música que conocemos y que nos gusta, el cerebro libera dopamina, lo mismo que ocurriría si consumiésemos opio. Flipante.

Bob Marley entendió muy bien el poder de la música: «Una cosa buena de la música es que cuando te golpea, no te hace ningún daño». Es una gran sanadora. Y no solo eso: cuando escuchamos música, las ondas sonoras impactan en cada célula de nuestro cuerpo, lo que supone un masaje completo al ritmo y el tono de esa melodía. La música nos hace viajar como ninguna otra disciplina y, sin embargo, casi siempre la dejamos pasar de largo sin meternos de lleno en ella. En general forma parte del ruido de fondo, cuando lo que deberíamos hacer es perdernos en ella como es debido.

EL PLAN

Durante los cuatro próximos días, elija un tema que signifique algo para usted y siéntese en un lugar donde pueda empaparse bien de él. Elimine todas las distracciones y escúchelo con la mejor calidad posible. Observe a dónde le lleva físicamente, mentalmente, emocionalmente y espiritualmente. Sienta las ondas sonoras que le rodean y déjese llevar. Mis temas musicales favoritos provocan reacciones emocionales profundas. Algunos me llevan a un momento y un lugar determinados; un momento que se intensifica en cierto modo más allá de mi experiencia diaria. Lo que más me gusta de la música es que me transporta. Si se trata de una pieza que aprecio sobre todo en soledad, en un espacio tranquilo, con los ojos cerrados y el volumen justo, sé que me tocará de un modo mágico. Con este tipo de canciones quiero que experimente usted. Ahora mismo, no me canso de Sufjan Stevens. Pongo *Carrie & Lowell* y me dejo llevar...

LOS BENEFICIOS

La música se utiliza sobre todo para regular nuestras emociones. Cuando estamos de mal humor, es capaz de sacarnos de ahí o nos permite que nos regodeemos. Puede intensificar lo que sentimos o contribuir a que desaparezca. No importa a donde nos lleve, lo que importa es que es capaz de provocar cambios espectaculares en nuestro estado de ánimo.

Cuando se sumerja a fondo en una experiencia musical, notará que sus emociones se intensifican y que su imaginación se agudiza. Este estado puede convertirse en un estupendo anclaje para recuperar la conexión con la conciencia y dejar atrás este mundo ajetreado. Después de cinco minutos tendrá la sensación de que ha pasado una hora en un *spa*, se sentirá rejuvenecido, con una visión mucho más clara del día que quiere vivir, listo para una existencia más brillante.

Prepare

UNA TAZA DE TÉ

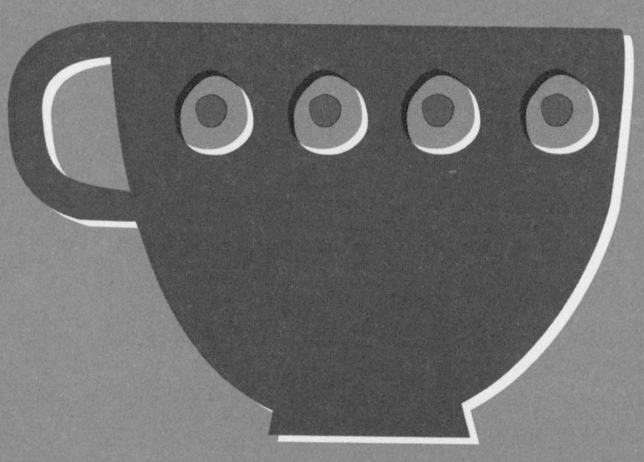

LA EXPLICACIÓN

En una ocasión le pregunté a un amigo por sus mejores consejos para estar presente en el momento y me respondió: «Cuando laves los platos, lava los platos».

Lo que quería decir es que cuando realizamos tareas domésticas nos perdemos en un mundo de imaginación y conjeturas. No estamos en el ahora, sino imaginando el futuro y regodeándonos en el pasado. A la mente le encanta fantasear con lo que vamos a hacer el fin de semana próximo, o cómo deberíamos haber respondido al jefe respecto al informe. El piloto automático tiene el control total en esos momentos y, por tanto, no estamos despiertos ni presentes.

EL PLAN

Vamos a realizar una de las tareas más sencillas con toda nuestra atención y conciencia. Vamos a preparar una taza de té o una infusión: Ceilán, Earl Grey, fuerte y muy dulce, verde, de diente de león o de la variedad que más le apetezca.

Simplemente, conecte con el momento y con el proceso.

Observe cómo se mueve su brazo hacia el grifo.

Abra el grifo.

El agua fluye.

Mueva la tetera para llenarla.

Cierre el grifo.

Encienda el fuego.

Acérquese al armario y abra la puerta.

Elija una taza y déjela en la encimera.

El agua hierve.

Sus dedos levantan la bolsita de té y la depositan en la taza.

Vierta el agua y observe cómo infusiona el té. Espere el tiempo necesario.

Saque la bolsita de té con cuidado y añada leche o limón (y, a ser posible, nada de azúcar).

El té está listo.

Antes de levantar la taza, tómese un momento para percibir lo que acaba de hacer.

Permanezca en el presente. Perciba cómo levanta la taza (hágalo con el menor esfuerzo posible), sus pies en el suelo, los hombros relajados. Sonría.

Saboree su té.

Tómeselo como si fuese su primera y última taza de té.

Repita a lo largo del día y en cualquier momento de su vida.

LOS BENEFICIOS

Si podemos ser totalmente conscientes y estar despiertos cuando realizamos acciones habituales, estaremos reprogramando nuestros cerebros para estar más presentes a lo largo del día.

Cualquier cosa que hagamos con una concentración total puede ser una experiencia enriquecedora. Experimente con otras tareas y compruebe si le sirven para recordar quién es. Cuando nos pasamos la vida imaginando el futuro y reviviendo el pasado, no podemos conectar con el ahora y, por tanto, funcionamos en piloto automático. Debemos aprender a despertar mientras realizamos tareas cotidianas. Así, cuando hagamos cosas realmente importantes, podremos encender el interruptor con mucha más facilidad.

¿QUÉ TIPO DE TÉ DELEITARÁ SUS PAPILAS GUSTATIVAS?

LO QUE ME GUSTA/ODIO DE MÍ

LA EXPLICACIÓN

La mayoría de nosotros somos demasiado autocríticos y hacemos demasiado caso a la vocecita que habita en nuestra cabeza. Siempre existe un motivo por el que no somos perfectos, no tenemos un aspecto perfecto, no somos suficientemente inteligentes, buenos, divertidos, etcétera, etcétera. Podemos pasarnos toda la vida buscando pruebas que apoyen esas afirmaciones. Por supuesto, si las busca las encontrará.

Esa vida es una basura. Está dirigida por el subconsciente, que posee una tendencia negativa incorporada y, por tanto, solo ve lo malo. Se desarrolló como una técnica de supervivencia, pero en la sociedad moderna ya no nos sirve de mucho detectar los peligros a cada paso.

Hace muchos años me fui de vacaciones a México, solo. Me encontraba en un momento decisivo de mi vida y decidí buscar algo de espacio para pensar en quién era y quién quería ser. Durante mi exploración aprendí, entre otras cosas, que para estar completamente presente y conectado tenía que aceptar mis sombras además de mi luz.

EL PLAN

Escriba en la página 174 todo lo que le gusta de sí mismo. Disfrute a fondo de esta experiencia. Regocíjese en ella. Hay muchas cosas que le hacen único, especial, la persona que es.

A continuación, en la página 175, escriba todo lo que odia de sí mismo. Aquí es donde puede explayarse y escupir veneno. Todos lo tenemos, sea sincero.

Cuando termine estas dos listas, repáselas a fondo. No escatime con el tiempo; el desafío consiste en aprender a amar todos los aspectos de las dos listas y a aceptar que, buenos o malos, son lo que somos. Con el tiempo, este proceso adoptó en mis talleres el título de «Aceptando mi culo». Sencillamente, ocurrió debido a mi inevitable sentido del humor infantil (que también lo tengo, lamentablemente, en el «culo»). El título me hace sonreír siempre y acelera el proceso de aceptación. Llámelo como prefiera, pero intente que este ejercicio incluya un toque divertido.

LOS BENEFICIOS

Cuando aceptamos nuestras sombras y nos damos cuenta de que nuestros puntos débiles y nuestras imperfecciones forman parte de lo que somos, esas voces se acallan y tenemos la oportunidad de brillar más. Cuando amamos quienes somos, nuestra conexión con la vida llega a tal punto que no podemos evitar estar más conscientes y despiertos. Muchos de nosotros necesitamos recordar esto constantemente, pero el esfuerzo merece la pena porque supone una auténtica liberación.

La felicidad solo puede existir en la aceptación.

George Orwell

LAS COSAS QUE ME **GUSTAN** DE MÍ

LAS COSAS QUE **ODIO** DE MÍ

AMANECER
O
PUESTA DE SOL

LA EXPLICACIÓN

Cuando vivíamos de la tierra y nuestras familias dependían del clima para una buena cosecha, estábamos profundamente conectados con el planeta porque nuestra existencia se relacionaba directamente con él. Nos levantábamos con el sol y nos retirábamos al anochecer; ajustábamos nuestros horarios a las estaciones.

Sorprendentemente, hace doscientos años existían zonas en Francia en las que la población todavía permanecía inactiva en invierno. Literalmente, cambiaban sus patrones de vida en función del movimiento de la Tierra alrededor del Sol.

En la actualidad resulta muy sencillo desconectar del mundo. Podemos protegernos del clima, disponemos de luz artificial para iluminar la oscuridad y las cosas continúan su curso con independencia de lo que ocurra ahí fuera. Esta desconexión con la naturaleza nos roba el asombro y las maravillas que podemos descubrir cada día al otro lado de nuestras ventanas. El hecho de redescubrir todo eso nos brinda la posibilidad de despertar.

EL PLAN

Este reto implica salir al aire libre una vez al día, sentarse en silencio, al amanecer o al anochecer (o si desea el lote completo, en ambas ocasiones). Perciba cómo pasa el mundo de la luz a la oscuridad o de la oscuridad a la luz.

Tómese su tiempo y disfrute de algo que ocurre todos los días, uno tras otro. El amanecer y la puesta de sol son una constante en nuestras vidas, y nada les afecta. Como el tiempo y las mareas, son dos elementos en los que podemos confiar. No es habitual que nos paremos a contemplar en toda su dimensión el paso de la noche al día o del día a la noche y, sin embargo, es fundamental para el pulso de la tierra.

AMPLÍE SU VISIÓN CUANDO CONTEMPLE LA SALIDA O LA PUESTA DEL SOL. ¿ESTÁ APROVECHANDO AL MÁXIMO LO QUE TIENE?

LOS BENEFICIOS

Cuando tenemos en cuenta que la salida y la puesta del sol están gobernadas por el movimiento de la Tierra alrededor del Sol y sobre su propio eje, nos ayuda a comprender mejor dónde encajamos en este universo.

Somos como motas de polvo al viento y, aun así, logramos pasar algún tiempo en lugares hermosos y maravillosos donde todo funciona en perfecta armonía. Las posibilidades de que la atmósfera sea capaz de permitir la vida y que esta haya llegado hasta donde estamos son tan pocas que no puedo evitar maravillarme ante el hecho de que sigamos aquí. ¿Realmente estamos aprovechando al máximo los regalos que hemos recibido?

Esa perspectiva nos ayuda a resistirnos a la constante atracción del piloto automático y nos recuerda que para aprovechar al máximo esta extraordinaria vida tenemos que despertar.

Hay un amanecer y un atardecer cada día, y son totalmente gratis. No te pierdas muchos.

Jo Walton

COMBATA LA *amnesia*

LA EXPLICACIÓN

El motivo por el que nos pasamos tanto tiempo en piloto automático es que al subconsciente se le da muy bien tomar las riendas de nuestro cerebro sin que nos demos cuenta. En esos momentos sufrimos de amnesia. Cuando me paso parte de mi tiempo mirando por las ventanas de aviones, trenes y taxis, no recuerdo que el tiempo está pasando. Estoy tan perdido en mis pensamientos que no soy consciente de que el piloto automático está en marcha y yo me encuentro en un estado de ensoñación.

Podemos experimentar picos de conciencia conectada mientras nadamos con delfines, bailamos en el Himalaya o compartimos un rato tranquilo con un amigo. No obstante, olvidamos que ese estado se encuentra a nuestro alcance en cualquier momento del día. Cuando regresamos a nuestras ocupadas, frenéticas y cotidianas vidas, la amnesia vuelve a tomar las riendas y el piloto automático entra en funcionamiento.

Louis Oosthuizen, golfista sudafricano, utilizaba un sencillo truco para volver al momento presente e impedir que las distracciones mentales perjudicasen su juego. Pintaba un punto rojo en su guante y centraba su atención en él cuando estaba a punto de golpear la pelota. Le ayudaba a encontrar el estado adecuado para tener un buen rendimiento. La cosa funcionó tan bien que ganó el Open Británico en 2010.

EL PLAN

PARA RECORDARNOS A NOSOTROS MISMOS QUÉ ES POSIBLE Y PARA ACORDARNOS DE ESTAR DESPIERTOS NECESITAMOS QUE NOS ECHEN UNA MANO. EN ESTE CASO CONCRETO, NUESTRAS PROPIAS MANOS.

Si lleva reloj de pulsera, hoy cámbieselo de mano; si no, dibújese una flor en la mano dominante (quedará un poco irregular, pero no se preocupe). Cada vez que vea el reloj o la flor, tómese un momento y siéntese con la espalda recta, respire profundamente y dibuje una gran sonrisa en su rostro. Conectará consigo mismo en ese momento y en ese lugar.

A la mayoría de nosotros nos cuesta una semana convertir esta pequeña acción en un hábito. Por tanto, no se limite a un solo día y pronto formará parte de usted.

LOS BENEFICIOS

Cada vez que el reloj o la flor capten su atención y desate un momento de autorreflexión, respiración profunda y conciencia, notará que despierta.

Cuanto más practique este ejercicio, más fácil le resultará recuperar la sensación de estar despierto y menos tiempo pasará en piloto automático. Los recordatorios estructurales sencillos como estos representan una gran ayuda para combatir la amnesia. Los necesitamos de verdad, ya que existen muchas influencias diseñadas para inducir al piloto automático (como la televisión y las redes sociales).

DESINTOXICACIÓN DIGITAL

LA EXPLICACIÓN

En la actualidad es casi imposible leer un periódico en el que no aparezca un nuevo estudio sobre el impacto de la tecnología en nuestras vidas y lo que debemos saber para gestionarla mejor.

Sabemos que la tecnología es esencial para el progreso humano, y para nosotros resulta vital conservar mejor el planeta. No obstante, la humanidad se distrae con facilidad, y es preciso que nos replanteemos nuestra relación con la tecnología. Cada vez que escuchamos un aviso o sentimos la vibración, experimentamos una pequeña liberación de dopamina en el cerebro. Así, la resistencia a mirar nuestros móviles es inútil. De ese modo hemos llegado a la situación actual: comprobamos nuestros móviles una media de 221 veces al día. Una investigación reciente concluyó que lo primero que hace por la mañana el 80 % de los nacidos en las dos últimas décadas del siglo XX es comprobar el teléfono. Se trata de una adicción seria.

La consecuencia es que nuestro procesamiento cognitivo es más superficial y estamos tan distraídos que damos ventaja al piloto automático. Los aparatos digitales representan el equivalente moderno de los tranquilizantes. Provocan un estado como de trance de manera casi inmediata, ya que son anclajes a los que se agarra el subconsciente. Debemos aprender a controlar las máquinas y evitar que ellas nos controlen.

EL PLAN

Tiene dos opciones en función de lo lejos que quiera llegar con este ejercicio. Una es sencilla, la otra resulta algo más exigente. La vía fácil para llevar a cabo una desintoxicación digital consiste en silenciar todas las notificaciones de sus aparatos, lo que incluye el correo electrónico, el calendario, las aplicaciones, todo. El reto consiste en que mire sus aparatos solo en el momento adecuado y cuando decida hacerlo de manera consciente.

No hace mucho, Bob Geldof impuso una prohibición respecto a los correos electrónicos matutinos en su exitosa compañía televisiva, Ten Alps. Cada correo recibido se responde con un mensaje que avisa de que será respondido a partir de las dos de la tarde. «Contrato a estas personas para que tengan ideas», explicó. «¿De qué sirve tener una empresa de secretarias?».

Decida qué momento del día es el mejor para conectarse con el mundo digital y limítese a ese momento.

Para los que deseen profundizar en la desintoxicación, les reto a no utilizar ningún aparato digital durante cuatro días. Es una auténtica cura de todo lo digital.

LOS BENEFICIOS

Al gestionar la manera de interactuar con el mundo digital, tomará el control de su atención y su concentración. Así, le resultará mucho más sencillo permanecer presente y despierto. Recuerde que los aparatos nos sitúan en piloto automático y que conviene utilizarlos únicamente cuando son necesarios.

Cuando realicé la desconexión total, los dos primeros días me resultaron bastante agobiantes, pero la experiencia no tardó en ser toda una liberación. En una ocasión se me rompió el teléfono durante un viaje de trabajo y no tuve conexión durante más de una semana. Resultó ser bastante agradable, y me enseñó que la tecnología es nuestra amiga cuando la utilizamos de manera consciente, no cuando ella nos utiliza.

¿SE QUEDARÁ CON LA OPCIÓN FÁCIL O DESCONECTARÁ POR COMPLETO?

VAMOS A DARLE AL

CANTO

LA EXPLICACIÓN

En ocasiones, las cosas que nos parecen más extrañas son las que mejor nos sientan. Los cánticos representan un recurso infravalorado en Occidente y, sin embargo, constituyen la base de la fe religiosa de miles de personas.

El sonido se utiliza desde el inicio de los tiempos, tanto literalmente como metafóricamente, para generar diferentes estados de ánimo. Tanto si se refiere a la formación del universo como la consecuencia del Big Bang o como la creación de Dios, ambas posibilidades irían acompañadas de sonidos y vibraciones. Cada célula de nuestro cuerpo vibra constantemente, y cuando conseguimos que trabajen en armonía, ocurre algo maravilloso. Parece una afirmación muy *hippie,* pero en realidad es un hecho demostrado científicamente.

Los cánticos se practican en todo el mundo, desde Japón y gran parte de África hasta Hawái, el Tíbet, Norteamérica y Europa. Continúan siendo uno de los aspectos más llamativos de las religiones más numerosas. Si están tan extendidos, debe ser por algún motivo. Se ha demostrado que ayudan a reducir la ansiedad y la depresión, pero para mí representan una forma de autoexpresión creativa que me ayuda a estar en el aquí y el ahora, y que dibuja una enorme sonrisa en mi rostro. No es que cante todos los días, pero es un recurso que tengo siempre a mano cuando me lo pide el momento.

EL PLAN

En primer lugar, para ponerse en marcha, debe estar en el lugar adecuado. Necesita un espacio sin distracciones, a ser posible al aire libre. Es normal sentirse un poco cohibido cuando se trata de emitir sonidos profundos, pero es importante superar ese sentimiento. Por tanto, busque un espacio en el que se sienta cómodo para hacer lo que más le apetezca.

No creo en los cánticos dirigidos (aunque determinados sonidos poseen ciertos beneficios). Personalmente, prefiero dejar que los sonidos salgan libremente y ver cuáles me resultan agradables al oído y al corazón. No se trata de interpretar un canto gregoriano a la perfección, ni siquiera un «Om mani padme hum» melodioso; se trata de encontrar el propio sonido en el mundo. No tema experimentar, emita algunos sonidos y vea cuáles llaman su atención y le resultan suficientemente divertidos para repetirlos. Déjese llevar hasta que sienta que el sonido le ha transportado lejos.

Si se atasca, pruebe con unos simples uaa uaa uaa o unos cha cha cha. A veces comienzo con unos fa fa fa hasta que mi cabeza se despeja y encuentro algo más positivo.

No existen reglas. Descubra lo que le hace sentir mejor y repita.

LOS BENEFICIOS

Cuando se familiarice con los cánticos, descubrirá que son capaces de transportarle a otro lugar con una gran rapidez. La resonancia en el pecho y en la cabeza ejerce un efecto muy particular en función de las notas y los sonidos que emita. Cuando encuentre el sonido que le va bien en el momento presente, se sentirá muy conectado consigo mismo y con todo lo que le rodea, y completamente despierto.

Si no alcanza el nirvana espiritual, no se preocupe. Los cánticos poseen el maravilloso efecto secundario de provocar unas buenas risas.

SÚBASE A UN
ÁRBOL

LA EXPLICACIÓN

Los placeres más sencillos casi siempre son los más satisfactorios, pero nuestro modo de vivir nos aleja de ellos. A medida que cumplimos años, nuestras vidas van ganando en complejidad.

Cada vez tenemos más responsabilidades, de modo que no nos queda más alternativa que dividir nuestra atención. Nos apresuramos de una tarea a la siguiente, hacemos malabarismos con nuestra vida laboral y familiar para estar con nuestros seres queridos, hacer la compra, con el coche de un lado para otro, preparar comidas y organizar a los niños. Incluso tareas como planificar las vacaciones del año que viene pueden dejarnos una sensación de insatisfacción. Cuanto más funcional es cada uno de nuestros actos, más sentimos la presión del tiempo. Hemos perdido el brillo de los ojos.

Cuando éramos pequeños encontrábamos diversión en casi cualquier cosa; una simple caja de cartón nos proporcionaba horas de entretenimiento. Nos encantaba huir a nuestros pequeños mundos creados a través de la fantasía y la alegría más pura. Este experimento nos ayudará a reconectar con todo eso y a sentirnos más vivos y entusiasmados.

EL PLAN

BUSQUE UN ÁRBOL Y SÚBASE.

Los árboles existen desde hace 370 millones de años, y con aproximadamente tres billones de árboles maduros en el mundo, cada uno posee su historia. Algunos gritan «¡Trépame!», otros no. Busque un árbol que le llame y le inspire confianza, que exija un poco de entusiasmo para treparlo, pero no un esfuerzo extremo o un riesgo innecesario.

No se trata de subir al árbol más alto, sino al que más le guste. Y, por favor, respete sus límites o absténgase de realizar el experimento (no es para todo el mundo).

Si decide subir a un árbol, no se precipite. Disfrute del olor de las hojas, del tacto de la corteza y de las vistas cambiantes.

La mayoría de los árboles cuentan con un espacio más o menos cómodo para sentarse. Merece la pena buscarlo, y lo sabrá cuando lo encuentre. Respire profundamente y quédese ahí unos minutos. Perciba cómo conecta con la naturaleza y, al mismo tiempo, cómo desconecta de la vida ajetreada de cada día. Observe también la diferencia entre subir y bajar; los gatos lo hacen.

Si siente el impulso de volver a ese árbol, repita al día siguiente. Si no, busque otro.

LOS BENEFICIOS

Cuando hacemos cosas sencillas que nos llenan el alma con la alegría de la infancia reconectamos con nosotros mismos y con el planeta en el que vivimos. Resulta fácil creer que la única manera de conseguir un cambio de conciencia profundo consiste en hacer algo grande y atrevido, como dejar el trabajo y recorrer el Nilo. Estoy seguro de que las aventuras de ese tipo son buenas para el alma, pero no pertenecen a la vida cotidiana. Las cosas sencillas son aquellas que podemos llevar a cabo, siempre que lo necesitemos, sin el gasto que implica viajar en avión y comprar pastillas contra la malaria.

Trepar a un árbol también nos permite reconectar con quienes fuimos. Todos llevamos un niño dentro que suplica que juguemos más y que no nos tomemos la vida tan en serio. Cuando dejamos salir al niño interior, encontramos auténtica alegría en el mero hecho de vivir. No necesitamos nada más, solo relajarnos y echarnos unas risas.

LOS

PLACERES MÁS SENCILLOS

SUELEN SER

LOS MÁS SATISFACTORIOS

COMA CUANDO TENGA HAMBRE

LA EXPLICACIÓN

Hace unos años visité Tailandia para realizar un retiro de ayuno. No podía creer lo bien que me sentía después, y desde entonces me fascina nuestra relación con la comida y su influencia en nuestro estado de ánimo.

Existen numerosas investigaciones que sugieren que el ayuno no solo nos ayuda a estar en forma, sino que además resulta beneficioso para el funcionamiento del cerebro, incrementa la energía, evita la diabetes del tipo II, retrasa el Alzheimer y combate el cáncer. Casi nada. *Hara hachi bun me* (su traducción encierra un juego de palabras) es la antigua enseñanza japonesa confuciana que sugiere que comamos hasta que estemos llenos en un 80 %. Dicho de modo más prosaico, se ha demostrado que alarga la esperanza de vida en animales de laboratorio. En cualquier caso, nos ayuda a tener más conciencia de las cantidades que comemos.

Cuando nos desconectamos de lo que ingerimos e ignoramos lo que necesitamos en favor de lo que queremos, comemos demasiado y mal. Ello nos lleva a una especie de coma dietético que invita al piloto automático a unirse a la fiesta.

EL PLAN

ESTA SEMANA COMERÁ ÚNICAMENTE CUANDO TENGA HAMBRE, Y EN PEQUEÑAS CANTIDADES.

Puede comer diez veces al día si es necesario, pero al reducir las porciones empezará a darse cuenta de lo que necesita realmente frente a los caprichos.

Para empezar, es normal tener el capricho de tomar comida basura, pero en cuanto empiece a eliminar parte de las toxinas y su cuerpo se purifique un poco notará que los antojos van cambiando. Dependiendo de su fisiología, del clima e incluso de la época del año, sus gustos variarán, pero si sigue el régimen tendrá su recompensa.

Cuantos más alimentos frescos y crudos consuma, más reforzará su sistema energético. Muchas veces confundimos la sed con el hambre; beba abundante agua y, obviamente, evite los azúcares refinados, la cafeína y el alcohol. Recuerde las palabras de Michael Pollan, el experto en alimentación: «No coma nada que su bisabuela no identificaría como comida». Siga su consejo y todo irá bien. Si padece algún trastorno de la alimentación o es susceptible de padecerlo, no debería probar este experimento.

LOS BENEFICIOS

Cuando somos más conscientes de lo que necesitamos para aportar energía a nuestro organismo, nos aseguramos de equilibrar la energía que entra y la que sale. Comer en exceso y consumir alimentos azucarados provocarán un estado en el que resulta muy difícil permanecer despierto. El exceso de comida atonta el cerebro y el azúcar lo sobreestimula; ambas opciones provocan un desequilibrio.

Si mantiene un nivel elevado de exigencia respecto a lo que come, descubrirá que se trata de un elemento fundamental para despertar.

Historia

NO CONTADA

LA EXPLICACIÓN

Creo que todos tenemos una historia que debería ser compartida. Se trata de una narrativa que explica por qué y cómo hemos llegado a ser quienes somos.

No compartimos con cualquiera nuestra historia personal, pero regresamos a ella todos los días de manera inconsciente porque supone un medio para explicar cómo nos presentamos ante el mundo. Gran parte de nuestra vida transcurre sin que tengamos la posibilidad de reflexionar demasiado. Cuando estamos tan ocupados, resulta complicado tomar distancia y valorar las experiencias. Es el motivo por el que esas historias que explicamos sobre nosotros pueden llegar a convertirse en bestias míticas sin que nos demos cuenta. Sin embargo, impactan en nuestra manera de vivir y en el brillo que desprendemos.

Conozco a una chica que creía que si su novio la dejaba antes de los exámenes no conseguiría ir a la universidad adecuada, ni el mejor trabajo y, por tanto, no tendría la vida que quería y dejaría de confiar en los hombres para el resto de sus días. Resulta que la historia no es cierta, sino un producto de su imaginación. Le sirvió para poner excusas, pero no para tener una vida maravillosa.

EL PLAN

Esta semana piense en una historia que nunca haya explicado y que tenga algo que ver con la persona que es usted a día de hoy. Respire profundamente con los ojos cerrados, y recuerde los pequeños detalles de esa historia y la energía que encierra. Cuando haya reconectado con esa historia, busque a alguien en quien confíe y cuéntesela. Pídale que escuche sin juzgar y explíquele que se trata de un experimento para conectar con su pasado, pero también para sintonizar más profundamente con los demás.

Tómese su tiempo. No hay prisa. Mientras explica la historia, perciba los movimientos de energía en su interior y no deje de sonreír, de respirar y de mirar a su amigo a los ojos. Es posible que al acabar decida explicar la misma historia a otra persona de confianza. Y también es posible que descubra que, al repetirla, la historia va cambiando, que otorga más énfasis a determinados aspectos. No pasa nada, es su historia.

Tal vez decida que tiene otras historias con mayor carga emocional para usted, y que son las que debería contar. También está bien. No hay una manera correcta o incorrecta de realizar este experimento, pero este tipo de narración puede ayudarle a descubrir una conexión más profunda con aquello que le emociona.

LOS BENEFICIOS

Nuestras historias pueden funcionar como liberadoras o como cárceles. El significado que les otorgamos suele ser más grande de lo que pensamos, y al compartirlas podemos ser más conscientes de ellas y utilizarlas como ayuda para salir de la confusión que nos envuelve. Algunas historias reprimidas, cuando se explican, se convierten en motivo de risa. Nos damos cuenta de que no son más que fantasías. Otras historias nos ayudan a entendernos mejor a nosotros mismos.

El espacio para reflexionar sobre momentos importantes de nuestras vidas y compartirlos con una persona que nos importa puede ser profundamente terapéutico. Como mínimo, nos ayudará a sentirnos un poco más vivos. Pasamos demasiado tiempo pensando en cosas irrelevantes. Al explicar su historia, se centrará más en lo que de verdad importa. Y cuando prestamos atención a lo que importa, es inevitable que despertemos.

HAGA ALGO NUEVO

LA EXPLICACIÓN

Resulta muy fácil llevar una vida llena de hábitos. Todos tenemos nuestras tiendas favoritas, nuestros periódicos favoritos y nuestro asiento favorito en el autobús. Hay algo cálido y reconfortante en hacer lo mismo cada día porque necesitamos la familiaridad. Nos inducen a pensar que si seguimos con la rutina que conocemos no nos asaltará la terrible perspectiva de la incertidumbre.

El problema de vivir así es que se pone en marcha el piloto automático. Cuando experimentamos aquello con lo que estamos familiarizados, el cerebro subconsciente se pone en funcionamiento de manera automática para que el cerebro consciente pueda relajarse. En resumen, cuantos más hábitos hay en nuestras vidas, menos despiertos estamos.

En cuanto a las cosas importantes, el futuro será más o menos como el presente. Por tanto, deje de preocuparse por lo que podría ocurrir (porque lo más probable es que nunca ocurra) y salga a la búsqueda de todas las cosas magníficas que se está perdiendo por hacer lo mismo todos los días.

Diviértase, experimente y pruebe una vida en tecnicolor. ¿Quién sabe qué tonos le sentarán mejor?

HOY HAGA ALGO NUEVO.

Puede ser cualquier cosa, siempre y cuando parezca un poco más divertido e interesante de lo habitual. Por ejemplo, comprar la comida en un establecimiento distinto. O escuchar música que no conozca. Podría ser que se lance a esa afición que siempre le ha interesado. O, simplemente, entablar una conversación con un desconocido. Lo importante es que se trate de algo nuevo y diferente para usted.

Por lo general, cuando nos enfrentamos a un nuevo reto, nuestro cerebro de hombre de las cavernas entra en funcionamiento y detecta un peligro potencial. Respire, sonría y perciba la situación como lo que es: un miedo normal y reflejo ante la incertidumbre. Cuando comience esa nueva actividad, perciba cómo se intensifican sus sentidos y que su conciencia del momento presente resulta ligeramente más relevante de lo habitual. Después de embarcarnos en cosas nuevas y divertidas puede ocurrir que adoptemos una perspectiva más liberadora respecto a otros aspectos de nuestra vida que percibimos un poco atascados. Aproveche esa perspectiva y cambie las cosas. ¿Quién sabe qué podría ocurrir?

LOS BENEFICIOS

Conozco a una pareja que quería pasar fuera el fin de semana, pero no tenía dinero. Decidieron quedarse en la habitación de invitados, donde no habían dormido nunca, y salieron a visitar su propia ciudad. Tuvieron la sensación de estar haciendo una auténtica pausa en sus rutinas y despertaron a nuevas posibilidades.

Al introducir nuevas experiencias en su vida provocará que al piloto automático le resulte más difícil tomar el control, ya que todo lo nuevo nos lleva a un estado más despierto. Si rompe con hábitos sencillos y prueba algo nuevo de manera regular, le resultará mucho más fácil estar presente y vivo. Por tanto, será una persona más auténtica y llevará una vida más extraordinaria. Además, es adictivo (en el buen sentido).

¿Qué cosas **NUEVAS** *puede probar hoy?*

Diga NO

LA EXPLICACIÓN

Para tener el control de su vida debe ser capaz de decir no. Nuestro tiempo y nuestra atención se ven sometidos a exigencias constantes, y si no aprendemos a gestionarlas acabarán ahogándonos. Nos gusta ayudar a los demás, nos hace sentir bien. Sin embargo, si no nos prestamos atención a nosotros mismos, ¿cómo podremos prestársela a los demás?

El hecho de estar siempre muy ocupados alimenta el piloto automático. Para estar presentes tenemos que encontrar espacio, y eso implica que tenemos que aprender a decir no. Por lo general, si decimos sí a algo en lo que no estamos completamente comprometidos, acabamos sintiendo resentimiento de manera subconsciente. No somos fieles a nosotros mismos. Brené Brown, investigadora sobre el remordimiento y la vulnerabilidad, explica: «Las personas compasivas piden lo que necesitan. Dicen no cuando tienen que decirlo, y cuando dicen sí, lo hacen de corazón. Son compasivas porque sus límites las mantienen alejadas del resentimiento». Parece una paradoja; pensamos que al aceptar algo somos compasivos con la otra persona, pero si no es un sí auténtico, el efecto es el contrario.

EL PLAN

Cada día de esta semana, busque algo a lo que normalmente diría sí y diga no. No lo haga por rencor o por rabia, sino por amor a usted mismo. Elija algo que en situación normal le resultaría difícil rechazar, pero que en su fuero interno sabe que debería negarse. Exprese su negativa con claridad y desenfado. No es necesario que se extienda en explicaciones o justificaciones. Vaya al grano. Decir no a un hábito arraigado que los demás dan por sentado puede resultar sorprendentemente liberador. Si siempre acuesta usted a los niños, es posible que haya llegado el momento de que no lo haga. Si siempre se encarga del café o el té en la oficina, es posible que sea el momento de ceder el turno a otro. Si siempre lava los platos, ahora le toca secarlos.

Cuando diga no, perciba lo liberador que resulta.

LOS BENEFICIOS

Cuando decimos no a una responsabilidad que normalmente aceptaríamos, tenemos que hacerlo de manera consciente. Ganamos tiempo para nosotros y para estar más despiertos. Cuando decimos no, ganamos espacio para decirnos sí a nosotros mismos y a los demás con todo el corazón, no porque sea una obligación.

Véase también Diga sí, pág. 134.

BAILE

LA EXPLICACIÓN

Hubo un tiempo en que dirigí a un equipo de personas extraordinarias. La mayoría de nosotros hemos compartido algún momento con personas que viven por encima de la media y que crean magia allá donde van. Y eso es lo que me ocurrió.

Cuando intentaba entender qué mantenía unido al equipo, mi análisis siempre se quedaba pendiente. Lo único que averigüé era que a todos nos encantaba bailar (especialmente cuando estábamos juntos).

Numerosos estudios demuestran lo bien que nos sienta bailar, no solo físicamente sino también mentalmente, emocionalmente y espiritualmente. No obstante, no es necesario conocer esas investigaciones, ya que todos poseemos experiencia al respecto. Sabemos lo bien que nos sentimos cuando ponemos la música adecuada y nos dejamos llevar por el baile en un completo abandono. El baile es vida, además de una práctica que une a toda la humanidad.

EL PLAN

ESTA SEMANA BUSQUE HUECOS PARA BAILAR.

Sin duda, puede ir a una discoteca o a una fiesta, pero por extraño que parezca, mover el esqueleto a solas resulta profundamente satisfactorio.

Busque diez minutos diarios, elija una canción que le motive, prepárese y produzca algunos movimientos que le salgan de dentro. No debe importarle lo más mínimo lo que piensen los demás. No se trata de parecer estupendo, sino de moverse como si no hubiese un mañana.

LOS BENEFICIOS

Al principio puede resultarle un poco extraño bailar solo, pero cuando superamos los juicios interiores y las vocecitas agobiantes de nuestras cabezas, sienta genial. Cuando estoy atascado y me cuesta divertirme porque la vida parece demasiado seria, uno de los mejores antídotos que conozco consiste en poner algún tema de Sly and the Family Stone. Entonces encuentro el camino y mi cuerpo no puede evitar moverse.

Cuando domine la técnica de bailar a solas y a puerta cerrada, no dude en realizar algunos movimientos espontáneos siempre que le apetezca.

SUME UNA HORA A SU DÍA

LA EXPLICACIÓN

Uno de los comentarios que más escucho entre la gente es que no lleva la vida que desea porque no tiene tiempo. Algunos se quejan de no poder leer todo lo que les gustaría, de no poder hacer ejercicio o de practicar al piano. Por lo general, esas personas explican con ojos tristes que esas cosas cambiarían sus vidas por completo, pero están tan ocupadas que no pueden incorporarlas a sus rutinas diarias.

El tiempo tiene muchas definiciones, algunas controvertidas y otras aceptadas por la mayoría. Entre las definiciones poco controvertidas figuran «el tiempo es lo que miden los relojes» y «el tiempo es lo que evita que todo ocurra a la vez». Cuando entendemos que el tiempo es una percepción que podemos controlar, nos damos cuenta de que cuando no tenemos tiempo para hacer algo se debe a que no tiene la suficiente importancia para nosotros. El filósofo chino Lao Tse lo explicó así: «El tiempo es algo creado. Decir "No tengo tiempo" es como decir "No quiero"».

EL PLAN

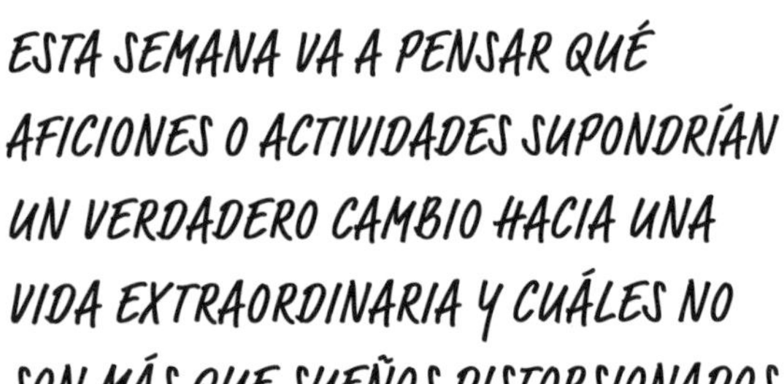

Este ejercicio conlleva un poco de dolor, pero creo que también será una fuente de numerosos placeres.

Durante cuatro días pruebe a levantarse una hora antes y haga alguna de esas cosas para las que desearía tener más tiempo. Dedíquese a esa actividad a conciencia durante sesenta minutos y disfrute del hecho de estar ganando algo de tiempo para dedicarlo a una actividad que le alimenta el alma.

Puede repetir la misma actividad los cuatro días o probar una distinta cada día. Usted decide. La clave consiste en asegurarse de que sean actividades que le encantaría hacer, no que cree que debe hacerlas.

LOS BENEFICIOS

Al final de la semana podrá deducir si lo que ha hecho es algo que debe incorporar a su vida porque le resulta placentero y satisfactorio, o si no es tan importante como una hora más de sueño (en cuyo caso podrá borrar de su lista la actividad en cuestión).

En cualquier caso, sabrá mejor qué necesita realmente en su vida.

ENTUSIASMO Y *gratitud*

LA EXPLICACIÓN

Tenemos tendencia a ver la vida de manera confusa y a desconectar de los altibajos. El ritmo de vida y nuestra atención fraccionada contribuyen a que nuestras experiencias se desdibujen.

Para despertar tenemos que sintonizar con lo que nos ocurre cada día. El entusiasmo forma parte de nuestro combustible y nos hace sentir más vivos. En los últimos tiempos se ha investigado mucho sobre la gratitud y se ha demostrado que contribuye a mejorar el sueño, la positividad y la salud física y psicológica. Es una especie de establecimiento en el que encontramos todo lo necesario para vivir una vida extraordinaria.

EL PLAN

CADA MAÑANA, AL DESPERTARSE, ESCRIBA TRES COSAS QUE VAYA A HACER ESE DÍA Y QUE LE ENTUSIASMEN.

Puede que tenga una cita con un amigo, que esté deseando leer el siguiente capítulo de un libro que le ha atrapado, que tenga tiempo para ir al gimnasio o que por fin tenga la posibilidad de sentarse con su jefe para planificar el siguiente trimestre.

Escriba cada noche tres cosas que hayan ocurrido durante el día por las que se sienta agradecido. Tómese un momento para repasar el día y extraer los mejores momentos. ¿Ha tenido una buena charla con su hija durante el trayecto al colegio, o ha acabado un trabajo, o se ha despertado renovado después de un sueño reparador, o ha encontrado aquella vieja cinta de éxitos (la mejor de la historia), o por fin ha acabado *La broma infinita*?

Para algunas personas, compartir esas listas con sus seres queridos les ayuda a intensificar las emociones y hace que la experiencia sea todavía más consciente. Pruebe, a ver qué ocurre en su caso.

LOS BENEFICIOS

Cada día es único y especial, y cada día puede brindarnos experiencias maravillosas si las buscamos. Cuando se mezclan resulta difícil encontrar esas pequeñas perlas de alegría. Si conectamos con lo que nos entusiasma, incrementamos las posibilidades de que esas cosas ocurran y estaremos listos energéticamente para dejarnos sorprender.

La gratitud es fundamental para la felicidad y para salir del piloto automático. Cuando nos sentimos agradecidos, conectamos más con nosotros mismos, con los demás y con el planeta. Cuando damos las cosas por hechas, no vivimos esos momentos que nos despiertan; cada experiencia nos parece esperada y demasiado conocida. La gratitud, por definición, consiste en apreciar de manera más profunda el carácter único de nuestra experiencia y, por tanto, resulta muy emotiva. Cuando se siente, provoca una reacción visceral y nos ayuda a despertar con una enorme sonrisa en los labios.

50 MILLONES DE EUROS

LA EXPLICACIÓN

Muchas personas no se lanzan a vivir sus sueños poniendo excusas. Si fuese más alto, más guapo, mejor en matemáticas; si hubiese podido ir a Harvard, vender mi casa al mejor precio, conseguir aquel ascenso, invertir en Snapchat, bla, bla, bla...

Lo cierto es que tenemos a nuestro alcance todo lo que necesitamos para llevar una vida extraordinaria. No obstante, resulta mucho más sencillo continuar con la vida que llevamos ahora y culpar a las circunstancias que dar un paso adelante y realizar el cambio. Y es que cualquier cambio implica riesgo, y a nuestro cerebro del hombre de las cavernas (*véase* pág. 6) no le gusta el riesgo. Por tanto, nos conformamos y seguimos quejándonos de la vida que tenemos. Hoy vamos a cambiar eso.

EL PLAN

ME GUSTARÍA QUE IMAGINASE QUE ACABA DE GANAR 50 MILLONES DE EUROS.

Ahora no tiene limitaciones. Cierre los ojos, respire profundamente y piense qué va a hacer con su vida a partir de este momento. ¿Cómo le cambiaría ese dinero? Sueñe un poco y déjese llevar por la fantasía.

Nuestros primeros impulsos casi siempre tienen que ver con el lugar en el que vivimos y con nuestra casa, el coche y las vacaciones, pero quiero que vaya un poco más allá y piense en qué invertiría sus días, no su dinero. Cuando las opciones son ilimitadas, ¿cómo desea pasar su tiempo? ¿Qué alegrías aporta a su vida cuando todo es posible?

Redacte una lista de todo lo que haría. No se reprima, es el momento de soñar.

LOS BENEFICIOS

Cuando la gente realiza este ejercicio, cuando analizamos cómo desean que sea su vida, no se necesitan 50 millones de euros para conseguir las cosas que escriben. Las pueden conseguir ya. Uno de mis clientes me explicó que su sueño era comprarse una granja en la Provenza con unas vistas espectaculares, marcharse a vivir allí y escribir novelas.

Entonces se dio cuenta de que su piso ya le ofrecía unas vistas espectaculares y que nada le impedía ponerse a escribir su primera novela inmediatamente.

No posponga sus sueños. Vívalos hoy y su piloto automático dejará de llenarle el cerebro de fantasías, ya que su realidad será mejor.

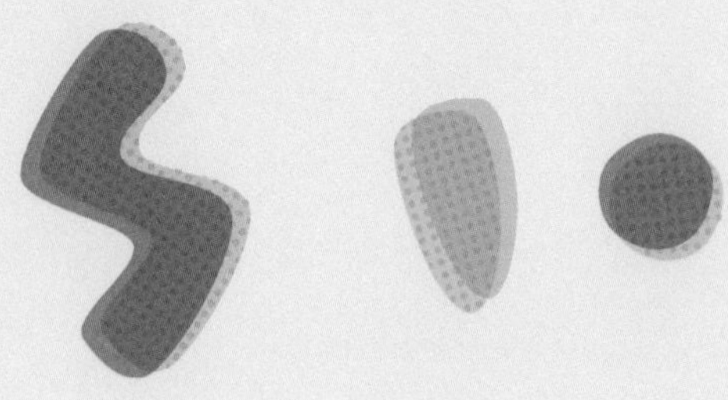

«LAS PERSONAS MAYORES
NO ENTIENDEN NADA POR SÍ SOLAS
Y ES AGOTADOR PARA LOS NIÑOS
TENER QUE ESTAR DÁNDOLES
EXPLICACIONES UNA Y OTRA VEZ».

ANTOINE DE SAINT-EXUPÉRY

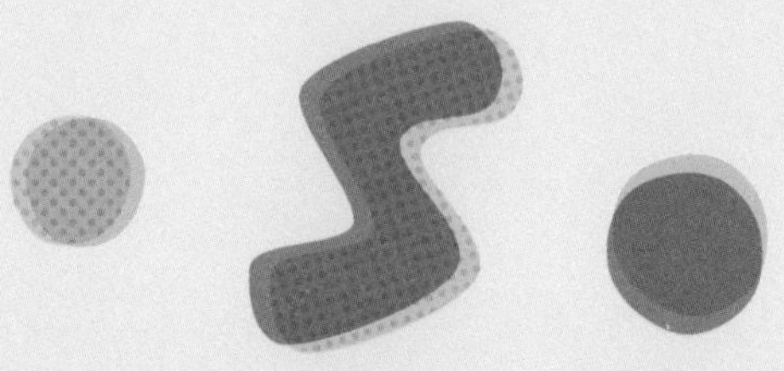

CONTEMPLE
EL CIELO

LA EXPLICACIÓN

El cielo cambia constantemente; es una maravilla cuando nos paramos a contemplarlo. Nos pasamos casi toda la vida mirando al suelo.

Nuestra visión tiende a estar limitada a otras personas, cuando caminamos, el teléfono que sujetamos con las manos... y nos perdemos lo que hay encima de nuestras cabezas. Somos incapaces de comprender su inmensidad. Nuestro universo tiene miles de millones de años, y el espacio es infinito. Piense en cuántas personas han alzado la vista al mismo cielo desde el principio de los tiempos y han llevado vidas muy distintas a la suya. Una visión amplia nos ayuda a recalibrar el ritmo de vida y nos recuerda quiénes somos y dónde vivimos.

EL PLAN

BUSQUE UN LUGAR AGRADABLE AL AIRE LIBRE, CÓMODO PARA TUMBARSE, Y OBSERVE EL CIELO DURANTE DIEZ MINUTOS.

Es posible que haya nubes con formas que atrapen su imaginación, o tonos de azul que parecen extenderse más allá de su comprensión. Si es de noche, contemplará el parpadeo incesante de las estrellas.

Empápese de la experiencia y observe a dónde le lleva. Si la repite con frecuencia, empezará a percibir la belleza del cielo.

PUEDE TUMBARSE EN UN JARDÍN O EN UN PARQUE, O INCLUSO EN UN TEJADO SI LA AVENTURA LE LLAMA.

LOS BENEFICIOS

Somos muy afortunados por contar con un estímulo tan aleccionador como contemplar el cielo todos los días. Cuando nos acordamos de conectar con él, nos ayuda a superar la amnesia y despertamos al lugar que ocupamos en el mundo. Nos recuerda que formamos parte de algo muchísimo más grande, que las cosas que nos preocupan son irrelevantes y que deberíamos invertir nuestro tiempo en lo que de verdad cuenta, no en lo que se puede contar.

Viva

COMO UN CERDO

LA EXPLICACIÓN

Siempre animo a la gente a que no tenga ningún tipo de control con estos ejercicios para que los resultados sean todavía mejores.

En enero de 2016, miles de personas empezaron a cocinar en casa durante una semana en el marco de El Gran Despertar, el proyecto que inspiró este libro y que provocó numerosos logros. No obstante, una persona anunció que dado que siempre cocinaba en casa, durante aquella semana haría lo contrario. Se alimentó de comida rápida, de conservas y de basura repleta de azúcares refinados y conservantes. Resulta interesante que esa persona viviese uno de los descubrimientos más impactantes de todos los que participaron en el ejercicio; en ocasiones, una experiencia muy negativa nos devuelve de inmediato a la positiva. Aquella mujer se sintió aletargada, le salieron manchas en la piel, se hinchó, tuvo dolores de cabeza y entendió a la perfección por qué la alimentación adecuada merece el esfuerzo.

EL PLAN

ESTA SEMANA, AUNQUE PAREZCA UN CONTRASENTIDO, VIVA COMO UN CERDO.

Aliméntese de platos preparados, abandónese, pille una borrachera (¡dos botellas de Vimto y un paquete de ganchitos!), vea todos los capítulos de alguna serie, no limpie la casa... De hecho, suelte el freno y viva como si no le importase nada.

Haga todo aquello que considera que está por debajo de su estilo de vida. Para algunas personas, esto puede significar comerse una rosquilla; para otras será levantarse tarde, vestirse de manera descuidada o tomarse una cerveza con la comida (o las tres cosas). Deléitese en la dejadez y perciba la diferencia que supone en cuanto a su nivel de conciencia.

Por favor, no intente realizar este ejercicio si tiene problemas con las drogas o el alcohol y si padece un trastorno alimentario o de otro tipo, ya que un viaje a la oscuridad no es precisamente lo que necesita. En cuanto al resto, vivan como cerdos a conciencia hasta que les produzca rechazo.

LOS BENEFICIOS

En ocasiones, para tomar conciencia de lo maravilloso que puede ser cada momento tenemos que empeorar un poco nuestra situación. Cuando hablamos con personas que han realizado un cambio profundo en sus vidas, suele ser porque las cosas iban tan mal que no tenían más remedio que cambiar para volver a salir a flote.

En cuanto a los lectores que disfruten un poco más de la cuenta con este ejercicio, imaginen que esta sería su vida diaria durante los próximos treinta años. ¿Cómo estarían entonces? ¿Cuáles serían sus argumentos? ¿Qué habrían hecho con el regalo de la vida?

Un pequeño viaje al reino de los cerdos no está mal, pero una vida entera posee implicaciones que van mucho más allá de no tener ganas de pasar la aspiradora.

Bajar el nivel de lo que consideramos aceptable puede ayudarnos a reconectar con lo importante y a asegurarnos de que en el futuro nunca jamás permitiremos que vuelva a ocurrir, porque cuando lo hacemos nos ponemos a merced del piloto automático.

SU VIDA ES SUYA

ASÚMALO

LA EXPLICACIÓN

Esta vida es suya y de nadie más. Aunque en ocasiones tengamos la sensación de que la vida conspira en nuestra contra, la energía que entregamos al mundo es la energía que recibimos. Por tanto, su vida actual es el resultado de cómo se presenta ante el mundo.

Si todo parece difícil y doloroso, es probable que no esté viviendo de manera positiva. Si todo el que le rodea le parece indigno de confianza, es muy posible que sea porque no tiene claro con qué debe comprometerse para llevar una vida extraordinaria. Si creemos que a nuestra vida le falta amor, suele ser porque no amamos lo suficiente.

Con independencia de la causa y el efecto, cómo somos dicta lo que atraemos. Nuestro mundo es nuestra creación, no un accidente fruto de la casualidad.

La mayoría de los acontecimientos que suceden en este planeta están fuera de nuestro control, pero nuestras reacciones están completamente en nuestras manos. Todos podemos elegir nuestra respuesta a lo bueno, lo malo y lo feo, y esa elección dará forma a nuestra calidad de vida.

No debemos pretender que el mundo funcione según nuestros planes; lo que tenemos que hacer es esforzarnos constantemente para aprovechar las lecciones que nos ofrece.

EL PLAN

QUIERO QUE ESTA SEMANA SE ADUEÑE DE SU VIDA.

Observe qué ocurre cuando algo le provoca una reacción negativa. Perciba cuándo se pone excusas o culpa a las circunstancias de que algo no sea del todo perfecto.

Cuando perciba una emoción negativa en su cuerpo, respire y experiméntela en toda su extensión. A continuación, pregúntese qué pensamientos están provocando que reaccione de manera negativa. Le recomiendo que escriba en las siguientes páginas todo lo que provoque esa reacción.

Pregúntese cuáles de sus pensamientos son absolutamente ciertos y cuáles no son más que excusas para autocompadecerse. Descubrirá que muchos de sus argumentos no tienen justificación alguna y, por tanto, resulta sencillo superar la negatividad. Si descubre algunos argumentos irrefutables y de todos modos continúa la emoción negativa, pregúntese cómo puede acoger ese sentimiento en lugar de luchar contra él. Al fin y al cabo, si aprendemos a amar las dificultades a las que nos enfrentaremos inevitablemente, la vida resultará mucho más fácil y agradable.

LOS BENEFICIOS

Cuando estamos en piloto automático, tenemos la tendencia natural a ser negativos. Nuestros instintos de supervivencia son propensos a interpretar los acontecimientos diarios como peligros potenciales y, por tanto, reaccionamos a ellos de manera animal.

Ese es uno de los mayores inconvenientes del piloto automático porque nos lleva a ver las cosas en blanco y negro, no de colores. Nos priva de la alegría de vivir.

El mero hecho de respirar y sonreír ante una reacción negativa nos permite escapar de sus garras. Al tomar conciencia de nuestro procesamiento interno y superar su empuje, nos resultará mucho más fácil recuperarnos de las experiencias negativas. Responderemos en lugar de reaccionar y, por tanto, viviremos despiertos durante más tiempo.

¿QUÉ ESTOY PENSANDO?

RISAS NERVIOSAS

Y CARCAJADAS

LA EXPLICACIÓN

Se dice que la risa es la mejor medicina. Algunas personas siempre sonríen; otras dan la impresión de ser incapaces de esbozar una sonrisa.

Las personas que ríen más se enfrentan mejor al estrés, están más sanas y atraen a más personas. Cuando compartimos unas risas, conectamos de un modo único, profundo, auténtico y enormemente festivo.

El humor acerca posiciones como ninguna otra cosa. No es selectivo en cuanto a clase o raza, género o edad, profesión o estereotipo. Existe una auténtica necesidad humana de reír, y cuando lo hacemos nos une y consigue que todo esté bien.

EL PLAN

HOY, COMPARTA UNAS RISAS CON ALGUIEN.

Puede explicar un chiste. Compartir una historia divertida que provoque sonrisas. Puede hacer cualquier cosa que haga reír y que reparta un poco de alegría en el mundo que le rodea.

Si se siente atascado, internet está repleto de cosas divertidas. No se limite a mirarlas en soledad, es importante que comparta las risas con alguien más. Si realmente quiere esforzarse con este ejercicio, escriba un pequeño monólogo y atrévase a salir al escenario alguna noche de micrófono abierto. No existe nada en el mundo como unos minutos en un escenario para poner a prueba su material; además, si va bien, sentirá una enorme satisfacción. Si esta idea le parece excesiva, asista a algún monólogo con un amigo y compartan las risas.

LOS BENEFICIOS

El entrenador de Andre Agassi le dijo en una ocasión que en la vida existen dos tipos de personas: los termómetros, capaces de leer la temperatura de un lugar, y los termostatos, capaces de cambiarla. Tener la capacidad de cambiar el ambiente es un hermoso don, y el sentido del humor es uno de los elementos de cambio más maravillosos que existen.

La mayoría de nosotros nos tomamos la vida demasiado en serio porque forma parte de la condición humana cuando estamos en piloto automático. Cuando reímos, salimos de ese estado y despertamos, además de conectar con nosotros mismos y con las personas que nos acompañan en la risa.

Cuanto más reímos, más tiempo vivimos y más disfrutamos de cada minuto.

Sonría

LA EXPLICACIÓN

Cuando nos tomamos la vida demasiado en serio, sentimos un peso y eso se nota en la cara.

Cuando sonreímos, en cambio, obtenemos numerosos beneficios sin ningún esfuerzo y sin gastar dinero. Sonreír reduce el estrés y mejora el estado de ánimo; nos hace más creativos, más accesibles y más dignos de confianza, y mejora la fisiología a nivel celular. De hecho, si sonríe con facilidad puede «reprogramar» su cerebro para vivir de manera más positiva todos los días. Por tanto, sonreír no sirve solo para disfrutar del momento, sino también de una vida mejor.

Pasamos mucho tiempo ocupados en asuntos prácticos, con la sensación de que lo hacemos todo solos, pero sabemos que las conexiones humanas profundas ejercen un enorme impacto en nuestra sensación de felicidad y bienestar. Las investigaciones demuestran que una sonrisa proporciona más placer que el sexo, las compras o el chocolate. De hecho, parece ser que una sonrisa aporta el mismo estímulo que comer dos mil chocolatinas o recibir 18000 euros en metálico. (¿Cómo diablos calculan estas cosas?)

No está nada mal a cambio de una sonrisa.

EL PLAN

Es importante comenzar este ejercicio con una actitud desenfadada. Sin duda, sonreír le beneficiará, pero parte de la diversión radica en contagiar a los demás. Hoy, establezca un pacto con usted mismo para intentar hacer sonreír a todas las personas con las que se encuentre. Si realiza el ejercicio con un amigo, pueden competir para ver quién consigue más sonrisas; podría aprender algo de las técnicas y los talentos de su amigo. Como recordatorio para no regresar a las viejas costumbres, dibújese una sonrisa en una mano; cuando la vea se acordará de iluminar a los que le rodean mediante el contacto visual y la generosidad.

LOS BENEFICIOS

Sonreír no solo nos ayuda a sentirnos mejor porque se liberan endorfinas y se reduce el nivel de cortisol; además, provoca una actitud más cercana en las personas que nos rodean, se sienten más inclinadas a establecer una conexión más profunda. Usted se sentirá bien, ellos se sentirán bien, el mundo será un lugar más luminoso. Y es muy posible que haga nuevos amigos.

Es sencillo, pero funciona.

REPARE
UN ERROR

LA EXPLICACIÓN

Todos tenemos cosas de nuestro pasado de las que no estamos orgullosos.

Nadie tiene una vida tan perfecta como para crear unicornios y girasoles a partir de todo lo que hace; en ocasiones, nuestros actos solo producen diablillos y otros seres que nos acechan por la noche. Cuando echamos la vista atrás, es perfectamente normal lamentarse de algunas conductas pasadas y desear haber obrado de otra manera.

El arrepentimiento es algo que nos consume por dentro, una energía pesada y represiva, pero resulta fácil deshacerse de él.

EL PLAN

Piense en un comportamiento pasado del que se arrepienta, un momento en el que, por la razón que fuese, hizo algo con lo que no se siente cómodo.

Respire, sonría y rememore los detalles. Es posible que el recuerdo le incomode, pero si persiste acabará viéndolo como lo que es: un error y nada más. Intente conectar con el recuerdo de ese momento y con la persona con la que cree que no obró bien. Abra su corazón y envíele un amor incondicional. Si pide disculpas ahora con toda su energía, sentirá que se deshace de una pesada carga.

A continuación imagine una conversación con esa persona para arreglar las cosas y acabar con el dolor que produce el arrepentimiento. En función de su carácter y de su relación con esa persona, es posible que sienta el impulso de llamarla por teléfono inmediatamente y arreglar las cosas de verdad. Si es así, ¡bravo! Bien hecho por esa reconciliación. Se necesita valentía para admitir que se equivocó, pero las buenas vibraciones que se consiguen compensan con creces.

LOS BENEFICIOS

Todos cargamos con energías innecesarias porque una dificultad hoy parece mejor que enfrentarse a algo del pasado que parece más doloroso. No podemos predecir las reacciones de los demás a ese acto de valentía, pero puede estar seguro de que si lo hace con buena intención, aliviará la carga que lleva sobre los hombros.

Resolver los errores del pasado le ayudará a disfrutar de una vida más plena hoy. Aunque solo lo haga mentalmente, no cara a cara, se sentirá liberado.

HAGA ALGO GRANDE

LA EXPLICACIÓN

Cuando hablo con personas que disfrutan de una vida extraordinaria y les pregunto qué hacen para vivir experiencias tan placenteras, en muchos casos mencionan grandes cambios en sus vidas.

Mudarse a otro país, crear una empresa, aprender algo inusual, seguir una pasión, dejarlo todo y empezar de nuevo... Sean cuales sean los detalles, todas han hecho algo grande que implicaba cierto riesgo. Resulta interesante observar que esas personas no percibían el riesgo, pero sus amigos sí. Si se les pregunta el porqué de un cambio tan grande, la respuesta suele ser que les parecía lo adecuado y que era tan emocionante que no podían resistirse a dar el salto. Esas decisiones son las que les sacaron del piloto automático para ir en busca de una vida con significado y les ayudaron a recordar que todo es posible.

EL PLAN

Sopese qué podría hacer que suponga un cambio absoluto de rumbo en su vida. Mis cambios más grandes son haberme casado, tener hijos, mudarme a una ciudad junto al mar, escribir mi primer libro y crear Upping Your Elvis. Hace poco, un buen amigo mío sacó a sus hijos del colegio y viajó a Chamonix para pasar la temporada de esquí. Me explica que ha supuesto un enorme cambio para su vida familiar y para su trabajo, y que ahora se siente vivo, renovado y lleno de nuevas ideas. Además, los ingresos que recibe del alquiler de su casa cubren los gastos de alojamiento.

¿Cuál sería su gran cambio? ¿Qué podría hacer que le llene de entusiasmo porque siente que está viviendo de verdad, y no solo encajando en un sistema que fomenta el avance insidioso y gradual del piloto automático? ¿Qué puede ayudarle a recordar que es una persona extraordinaria y que todo es posible?

Anote todo lo que se le ocurra que le dé miedo y le parezca emocionante; en cierta manera, tendrá muy presente todo eso que deje por escrito.

¿Qué le frena? Láncese.

LOS BENEFICIOS

No siempre nos sentimos preparados para dar un gran salto, pero la falta de preparación suele ser una excusa. El momento nunca es el adecuado y nunca estamos completamente preparados.

Aunque todos los experimentos de este libro están pensados para contrarrestar el estado de aletargamiento en el que vivimos la mayor parte del tiempo, si realmente quiere «sacudir» su vida tiene que hacer algo grande.

Cuando tenía veintisiete años dejé mi trabajo y me lancé a viajar. Fue maravilloso porque todo me resultaba emocionante y nuevo. Siempre sabré que no me cuesta nada preparar una mochila y marcharme. Esa opción está siempre a mi alcance, de modo que mereció la pena dar aquel paso.

Cuando se ha dado un gran paso, siempre se puede volver a dar otro. Cuando se ha vivido en un país extranjero, el planeta entero es una posibilidad. Cuando se aprende algo nuevo, las posibilidades para invertir su tiempo son infinitas.

Haga algo grande
hoy y las vibraciones
persistirán para siempre.

VERDE

LA EXPLICACIÓN

¡Qué aburridos podemos llegar a ser! Estamos sometidos a una presión aplastante (de la que no somos conscientes) para encajar y jugar limpio. La ventaja es que vivimos en una sociedad educada donde todos parecemos civilizados, pero el precio a pagar es que olvidamos que la vida debería ser mucho más divertida.

Soy un apasionado de las travesuras, sobre todo si estas provocan una sonrisa en los demás. La jardinería de guerrilla lleva décadas estimulando la imaginación de las personas e inspirando grandes trabajos. Consiste en provocar el cambio llevando un poco de naturaleza a espacios donde no existe, como un solar abandonado en una zona marginal de una gran ciudad. No se trata de un fenómeno moderno; su historia se remonta a un horticultor rebelde conocido como Digger que vivió en Surrey en 1649. La clave es que no se dispone de permiso para plantar, pero lo que se planta aporta una belleza natural al espacio.

Por supuesto, no defiendo el vandalismo ni la destrucción. La jardinería de guerrilla debe llevarse a cabo de manera responsable, con plantas adecuadas para el lugar y con el objetivo de provocar mejoras, no problemas.

EL PLAN

ESTA SEMANA VAMOS A SER JARDINEROS DE GUERRILLA EN LA MEDIDA DE NUESTRAS POSIBILIDADES.

No tenemos que crear obras maestras como el conocido Jardín del Edén de Adam Purple, que acabó cubriendo más de 1 300 metros cuadrados en Manhattan. Solo tenemos que plantar algo en un lugar inesperado.

Todos podemos encontrar un espacio vacío que necesita un poco de color. Sea creativo; muchas aceras cuentan con espacios de tierra alrededor de árboles olvidados que piden a gritos un toque de verde. Me gusta la idea de plantar semillas o bulbos que tardan un tiempo en florecer, ya que la perspectiva de que florecerán en algún momento desconocido resulta tan emocionante como ese momento en sí. No obstante, muchos jardineros me cuentan que prefieren plantar algo más sustancial.

LOS BENEFICIOS

Cuando nos sentimos un poco nerviosos y entusiasmados, también nos sentimos más vivos. Aunque nuestra jardinería de guerrilla no debería molestar a nadie, no cabe duda de que se trata de un acto un tanto osado. Hacer algo divertido y frívolo nos recuerda que la vida debería ser una fiesta, no un cúmulo de dificultades y problemas.

Además, me encanta cuando alguien se fija en un pequeño toque de belleza en un lugar inesperado. Podría ocurrir que ese alguien también despierte.

Deténgase

Y OBSERVE

LA EXPLICACIÓN

Cuando vamos con prisa de aquí para allá nos convertimos en parte de la sopa caótica de la existencia. Resulta imposible apreciar esa sopa cuando nos encontramos sumergidos en ella. En cambio, si retrocedemos y observamos sus movimientos, la perspectiva nos ayuda a recordar cómo se combinan sus ingredientes.

Poseemos diversos niveles de conciencia. Nos pasamos gran parte de nuestra vida sintiendo que estamos solos, y lo cierto es que no somos más que la persona que vemos en el espejo cada mañana. Cuando nos vemos inmersos en esa sopa, se refuerza la visión de que la vida tiene que ser difícil, rápida y complicada. Igualmente, la mayoría de nosotros somos conscientes de que somos más que un cuerpo físico, el trabajo que realizamos y la vida que llevamos, que estamos conectados con algo mucho más grande. Salir de la sopa puede ayudarnos a recordarlo.

EL PLAN

Busque diez minutos al día para sentarse y observar la sopa de humanidad inmersa en sus cosas. Un modo clásico de observar consiste en sentarse en la terraza de un bar y ver cómo discurre el mundo ante nuestros ojos. Andy Warhol fue un gran observador de la vida (y de la sopa, lo que tal vez inspiró su fascinación hacia las latas de sopa Campbell's): «Los países libres son estupendos porque puedes sentarte un rato en el espacio de otra persona y fingir que formas parte de eso. Puedes sentarte en el Hotel Plaza y ni siquiera tienes que alojarte allí. Simplemente, sentarte a observar a la gente que pasa». Si resulta que el Plaza no está al lado de su casa, puede sentarse en el banco de un parque y observar la vida que transcurre a su alrededor. O detenerse en un puente sobre un río y contemplar la actividad que discurre en su campo de visión.

No se distraiga con conversaciones o con los aparatitos electrónicos que todos llevamos encima; obsérvelo todo y perciba que cuando se sienta en silencio y respira bien (*véase* ¡Aprenda a respirar!, pág. 28), se encuentra en un estado energético muy distinto al resto de las personas que pasan a su lado.

LOS BENEFICIOS

Un momento al día para distanciarse del ajetreo cotidiano representa un estupendo recurso para ganar en conciencia y en posibilidad de elección. Puede parecer un lujo excesivo, pero para mí es el equivalente de la meditación. Muchas personas creen que para calmar la mente hay que mirar hacia el interior, pero con esta sencilla actividad descubrirá que el ajetreo del mundo exterior es capaz de darle la calma interior que desea. Estupendo, fácil y eficaz.

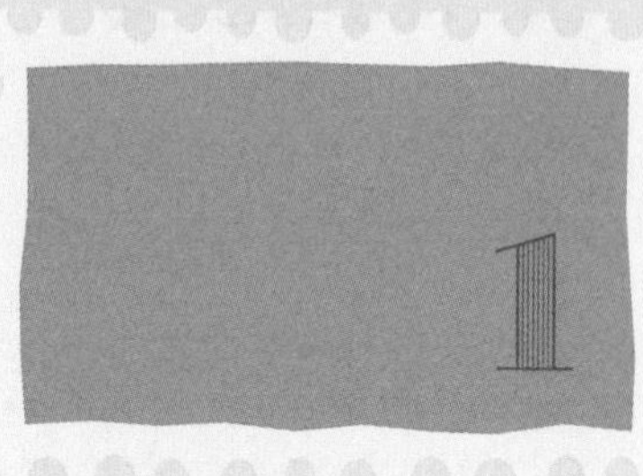

ESCRIBA UNA CARTA A ALGUIEN QUE LE IMPORTA

LA EXPLICACIÓN

La raza humana es cada vez más independiente y se encuentra más aislada. La cifra de personas que viven solas continúa aumentando, y la interacción social desciende debido el aumento de la separación física característica de la era digital.

Cuando *sir* Tim Berners Lee inventó internet, su misión era servir a la humanidad y conectar no solo máquinas, sino también personas. Si se utiliza bien, internet hace eso y mucho más. Como ocurre con tantas cosas, con el abuso llegan los problemas. Los medios análogos nos ayudan a poner los pies en la tierra y nos reconectan con nuestros instintos humanos naturales.

No pasamos suficiente tiempo con las personas que nos importan, y eso significa que no hablamos de lo que realmente cuenta. Amy Winehouse tenía miles de *likes* en su Facebook, pero murió sola, mirando vídeos suyos en YouTube. Algo falla. Para sentirse feliz, satisfecho y conectado con este planeta debemos mantener relaciones de calidad.

EL PLAN

ESTA SEMANA ESCRIBA UNA CARTA A ALGUIEN QUE LE IMPORTA. LA CARTA PUEDE TRATAR DE CUALQUIER COSA, SIEMPRE QUE MENCIONE ALGO QUE APRECIA REALMENTE DE LA PERSONA A LA QUE SE DIRIGE.

Tómese su tiempo. Las cartas hoy son tan escasas que merece la pena regodearse en la experiencia y hacer que cada palabra cuente. Cuando escribimos una carta, ralentizamos el tiempo. Lo primero que debemos hacer es valorar esa comunicación y despejar un espacio para escribir. El hecho de escribir una carta a mano nos permite conectar más con lo que decimos. Después, cuando cerramos el sobre y lo llevamos al buzón, se produce una exquisita y necesaria demora en la gratificación. Esas ventanas de tiempo representan todo un lujo y merece la pena disfrutarlas.

LOS BENEFICIOS

Cuando nos tomamos el tiempo necesario para escribir a alguien que nos importa, aprendemos a apreciar más aquello que hace especial a esa persona y lo que esta nos ofrece. Cuando eso ocurre, nos sentimos más conectados y más agradecidos hacia esa persona. Además, el destinario de la carta disfrutará de los maravillosos beneficios de saber que alguien le quiere y le valora, y le ayudará a estar más despierto mientras lee la carta. Cuando recibimos una carta así, el día nos parece más luminoso.

El término tagalo para «infeliz» es el mismo que significa «solo», pero no es necesario ser originario de las Filipinas para entender el motivo. Las conexiones auténticas importan; de eso trata la vida.

Mi abuelo me escribió una sola carta en toda su vida. Todavía la conservo.

¿POR QUÉ AHORA?

El juego de la vida consistía en tener éxito. Para ganar teníamos que seguir las normas y un camino bastante lineal hacia ese éxito.

Obviamente, teníamos que destacar en el colegio, y sabíamos que una educación integral daba lugar a un individuo completo. Los talentos únicos y las pasiones «diferentes» se suprimían para que todos encajásemos a la perfección y aprendiésemos a regurgitar datos sin entender muy bien para qué servían. Teníamos que erradicar nuestros puntos débiles y así, como individuos polifacéticos, podríamos avanzar en el sistema educativo y ser depositados al otro lado, listos para sumarnos al conjunto de mano de obra.

Con ese sistema, todas las carreras consistían en ir progresando. En general, el primer trabajo era una basura, y el resto de la vida laboral consistía en intentar conseguir un trabajo que fuese un poco menos basura y que estuviese un poco mejor pagado. Estábamos condicionados a aspirar a una secuencia compuesta por matrimonio, hipoteca, paternidad, vacaciones en el extranjero y no estar nunca por debajo del vecino. Cuando conseguíamos todo eso, el siguiente proyecto consistía en criar a nuestros hijos para convertirse en futuros miembros completos del conjunto de mano de obra...

Nos colocaban delante el tablero del juego de la vida. Todos conocíamos las reglas y cada año lanzábamos el dado para ver hasta dónde llegábamos. Dado que sabíamos hacia dónde nos dirigíamos, no teníamos que pensar demasiado y ni siquiera plantearnos caminos alternativos.

Pero eso era el pasado, y ahora estamos en el presente. Los días de la vida lineal están llegando a su fin. Nuestro sistema educativo fracasa y nuestros hijos aprenden mucho más de YouTube que de sus profesores.

Una vida con un mismo trabajo y un salario fijo ha dejado de ser la norma para muchas personas. Se extiende la idea de que conseguir más cosas, ganar más dinero, poseer y consumir más solo pueden llevarnos a la inconsistencia. Tenemos que empezar a vivir plenamente cada día si queremos honrar la preciosa vida que se nos ha regalado. Huir del piloto automático nos permite ser las personas que realmente somos y desafiar las normas de las que hoy ya podemos liberarnos.

El tiempo es limitado.
No lo malgastemos.

PRONTO
ESTAREMOS MUERTOS

LA EXPLICACIÓN

En una ocasión leí que la vida es corta y larga, pero no en ese orden. Tengo grabadas esas palabras, ya que cuando era más joven tenía la sensación de que mi vida era casi infinita. Era invencible y las posibilidades eran ilimitadas. No sentía ninguna prisa ni pánico por utilizar bien mi tiempo, ya que tenía muchísimo; así, pasarme un día en el sofá recuperándome de los excesos no era más que una pequeña parada técnica.

Hoy, mis responsabilidades han aumentado y mi tiempo se ve sometido a más presión. Tengo la sensación de que los años pasan más rápido, tanto que podría llegar a pensar que la vida no es más que un ajetreo constante. Al piloto automático le encanta que tengamos muchas cosas que hacer porque no tenemos más opción que implicarnos y sacar adelante nuestras actividades diarias.

Pensar que no tenemos tantos días de vida en este planeta (una media de 30 000, y un tercio lo invertimos en el trabajo) puede ayudarnos a recordar que cada día es un regalo, que cada día tiene que contar.

EL PLAN

SIÉNTESE EN UN LUGAR DONDE TENGA VISTAS DE LA TIERRA Y EL CIELO, RESPIRE PROFUNDAMENTE Y REFLEXIONE SOBRE EL HECHO DE QUE SU MUERTE ES INEVITABLE.

Con los increíbles avances de la tecnología, eso podría no ocurrir hasta dentro de cien años, pero también es posible que suceda en cien días o en cien segundos. Es imprevisible.

Teniendo en cuenta esta idea, ¿qué debería hacer para que hoy sea un gran día?

No tiene que ser un acto, ni una actividad, ni algo que tenga que conseguir; puede tratarse simplemente de quién es y qué valora. Mantenemos muchas conversaciones con nuestros seres queridos, pero ¿cómo podemos hacer que la de hoy sea inolvidable? Tomamos numerosas tazas de té, pero ¿cómo podemos disfrutar realmente de las tazas que tomaremos hoy? Damos muchos paseos; ¿por qué el de hoy resulta especial?

LOS BENEFICIOS

David Bowie era uno de mis héroes. Murió a los sesenta y nueve años. ¿Alguien a quien conocía o admiraba murió joven? Podría ocurrirle a usted, o no. Si mi caso fuese el de David Bowie, solo me quedarían veintiún años. Probablemente, eso implicaría diez años más trabajando a pleno rendimiento, lo que me permitiría escribir únicamente tres libros más. Este tipo de reflexiones supone toda una revelación. Me doy cuenta de que, probablemente, no debería tomarme la vida tan en serio y apreciar cada segundo... y eso significa que debería pasar más tiempo con mi familia, estableciendo conexiones reales y disfrutando de la alegría que aportan. Una perspectiva útil.

No hace mucho me preguntaron cuáles eran mis ambiciones, y me di cuenta de que ya no me interesaba el éxito, ni ser mejor, sino vivir plenamente cada día. Al recordar que no estaremos aquí siempre, lo único que posiblemente podemos hacer para mejorar consiste en vivir más despiertos esos días que nos quedan.

VAMOS, ARRIBA

Cada día que pasamos en este planeta debería ser extraordinario. No del tipo «desfile con lluvia de papelitos y alegría a rebosar», sino «disfrutar del hecho de estar vivo».

Cada uno de los ejercicios de este libro me han aportado diversión. Al escribirlo, y mientras probaba las actividades, descubrí que la lección a extraer no se encuentra en los ejercicios. Los experimentos y la diversión que me han aportado me han recordado qué es lo que me gusta tanto de la vida. Tenemos oportunidades ilimitadas de diversión. De conocer a personas asombrosas. De sentirnos realmente despiertos todos los días, y creo que cuando valoramos eso y conectamos con esa creencia a un nivel suficientemente profundo, no dejamos pasar un solo día sin saborearlo.

Ahora estoy decidido a seguir experimentando durante el resto de mi vida, y espero que los lectores me acompañen en ese viaje. Mi sueño es que las personas que piensan como yo compartan sus experimentos con todos nosotros para que podamos probar maneras nuevas y distintas de despertar. No existe ninguna regla. Los lectores ya han modificado y reinventado los ejercicios cientos de veces, y cada nueva versión aporta unos beneficios únicos.

Cuando nos ponemos creativos y ayudamos a los demás a acceder al genio que llevamos dentro, nos resulta más fácil salir del piloto automático y aprender mejor. Espero que forme parte de la comunidad que ha asumido este papel y que mantiene vivo lo que yo empecé.

Por favor, únase a nosotros, pruebe los trucos de otros lectores y comparta sus aprendizajes si le apetece.

Más allá de su actitud, este libro no tiene nada de sagrado. Creo que todos tenemos la oportunidad de ser asombrosos y de vivir una existencia legendaria. Si acogemos la energía de lo que contiene este libro, tendremos más posibilidades de sonreír todos los días y de caminar más ligeros.

Si somos suficientes los que conseguimos esos objetivos todos los días y despertamos de verdad, este mundo no solo será un poco mejor; además, se valorará la vida como se merece. Si desea llevar una vida extraordinaria y a todo color, y no malgastar ni un minuto más de este maravilloso tiempo que se nos ha concedido, *¡despierte!*

AGRADECIMIENTOS

Me siento muy orgulloso de este libro, pero no puedo atribuirme el mérito.

Tengo la suerte de reír más de lo que está permitido y de contar con personas maravillosas que me han querido, apoyado, estimulado, inspirado, puesto en el camino de nuevo, pinchado y empujado hasta llegar a donde me encuentro hoy. Esas personas han hecho que este libro sea posible.

Me siento profundamente agradecido por vuestra genialidad.

Un agradecimiento enorme a todos los que han participado de manera directa en este proyecto, tanto en el libro como en la plataforma. Siempre me olvido de alguien (perdonadme, por favor), pero entre esas personas figuran Gemma Greaves, Michael Acton-Smith, Colin Corbridge, Josh y todo el personal de Crowdhub, Dan Keiran, Shilen Patel, Gordon Peterson, Chris Goldson, Steve Gladdis, David Micklem, David Pappa, Andy Bradley, David Pearl y todo el personal de Street Wisdom, Fi McWilliam, Emma Snellgrove, Mel McDougall, Nicca Kathrens, el doctor Mark Fowlestone, el profesor Paul Dolan, Kris Murrin, David McCready, Guy Escolme, Scott Hunter y Monty e Ian y su equipo, Andy Reid, Mike DaRe, Joel Rickett y Emily Robertson de Penguin, Trevor Horwood y mi excepcional hermano, Mark.

Gracias también a Purdeys, Finisterre, Quoddy's, Hiut Denim, John Vavatros, Blok Knives y Tesla por las cosas tan maravillosas que hacen y por su ayuda.

El premio a la contribución más espectacular es para Vanessa Barlow, que no solo investigó, editó y promocionó el libro, sino que además me ayudó a mantenerme honesto y auténtico. Un logro nada desdeñable.

A Suzy Greaves y a todo el personal de la revista *Psychologies* por permitirme experimentar con vosotros, y a los blogueros y lectores que han realizado los experimentos y me han ayudado a mejorarlos. Gracias por tener fe en mí.

A todos los que han confiado en mí lo suficiente para conseguir que continuase con mi trabajo. Sois muchos, pero mi agradecimiento especial es para Karen Blackett, Kelly Williams y Simon Daglish; Stan Sthanunathan, Christina Habib y Jen Whyte; Matt Barwell, Clare Owen, Charlie Downing, Maria Eitel, el todopoderoso Keith Wilmot y muchas más personas que están haciendo pedazos los libros de normas y consiguiendo que el trabajo sea un lugar más humano y divertido.

A todo el personal de Upping Your Elvis. Sin Matt, Harriet y Alex esto no habría sido posible. Y gracias a Jim, un tipo a prueba de balas y desbordante que vive al máximo todos los días. Es un gran amigo y todo un caballero.

Y, por supuesto, a mi familia. Mi gente ha sido maravillosa. Nunca os estaré lo suficientemente agradecido por el amor y el apoyo incondicionales a pesar de mis locuras.

A Louli, que me provoca un vuelco en el corazón cada vez que la veo y que me ha enseñado tanto sobre ese amor incondicional que mi gente conoce tan bien. A Harvey, que me ha enseñado qué es la creatividad y que lo único que necesitamos para brillar cada día es ser fiel a uno mismo.

A Anna, mi maravillosa esposa. No tengo palabras. Estoy loco por ella y muy agradecido. Gracias por enseñarme el camino y por ayudarme a crecer...

Y, por último, gracias a usted.

Si usted no tuviese el impulso y el deseo de desafiar lo aceptado y de entender su propia verdad, este libro no serviría para nada.

Siga brillando y amando cada minuto de esta vida.

Ahora es su turno.

ME GUSTARÍA DARME LAS GRACIAS A MÍ MISMO POR...